인간에의 연민

Chun Hun-Ho
Compassion on man

© Benedict Press, Waegwan, Korea 1991

인간에의 연민
1991 초판 | 2000 재쇄
지은이 · 전헌호 | 펴낸이 · 김구인
ⓒ 분도출판사
등록 · 1962년 5월 7일 라15호
718-806 경북 칠곡군 왜관읍 왜관리 134의 1
왜관 본사 · 전화 054-970-2400 · 팩스 054-971-0179
서울 지사 · 전화 02-2266-3605 · 팩스 02-2271-3605
www.benedict.co.kr | press@benedict.co.kr

ISBN 89-419-9119-6 03230

값 7,000원

2천년대를 향한 여정에서

인간에의 연민

현대 문명과 공해 문제에 대한
신학적 고찰과 비판 및
방향 제시

전 헌 호

분 도 출 판 사

머 리 말

본 논문이 완성되어 가던 무렵인 1990년 초에 들어오면서 한국 평신도 사도직 협의회가 장래의 활동 계획을 점점 심각해지고 있는 공해를 추방하는 일에 전념하는 것으로 해나가겠다고 발표하는 것을 가톨릭 신문을 통해서 알게 되었을 때 무척 고무적인 것을 느꼈다. 사실 본 논문을 시작할 1987년 초만 해도 한국에서 이 문제에 대해서 일부 의식이 있는 자를 제외하고는 공개적으로 문제화시켜 나가지는 않고 있었기 때문에 외로운 작업으로 여겨졌기 때문이다. 문제가 광범위하여 전문적으로 연구해 나가는 데는 많은 이들이 함께 협력해 나가야 하는 것이지만 공해 문제에 의식을 갖고 극복을 위해 노력하시는 분들에게 작은 자료나마 제공해 드리는 것이 본인에게 주어진 최소한의 의무라고 생각하고 졸작을 감히 우리말로 옮겨 소개해 보기로 했다. 귀국하자마자 주교좌 성당의 보좌신부로 일하면서 틈틈이 번역한 것이기에 미흡한 점이 많이 있는 줄을 알고 있다. 문제가 시간 속에서 점점 커져가고 있기에 번역의 시간을 당기고자 노력해 본 것이다. 번역 과정에서 원문을 절반 가량으로 압축하여 분량이 많지 않게 고려하였다. 그 이유는 학구적인 장황한 설명을 피하고 독자로 하여금 읽기에 부담이 적도록 하기 위해서였다. 가능한 대로 여러 사람이 함께 문제 극복의 대열에 참가하게 되기를 바라는 희망에서이기도 하다.

우리는 태어나면서부터 문화적인 존재이기 때문에 극단적이고 과장된 이론이나 행동은 부담을 주는 것이겠고 전체를 파악하여 매사에 지혜를 모으는 것을 다 함께 해나간다면 미래를 희망해 볼 수 있겠다.

 본 논문이 우리말로 출판될 수 있도록 기꺼이 허락하신 분도출판사 임 세바스티안 사장 신부님과 정한교 편집장님께 감사드리며 번역하는 동안 함께해 준 계산 성당의 모든 분들께 감사드린다. 또한 이 자리를 빌려 언제나 부성적인 사랑으로 보살펴주시는 곽길우(베드로) 신부님을 비롯한 교구 내 모든 원로 신부님들께 감사드린다.

1991년 3월

서 문

약 20년 전 고등학교를 다닐 때 우리를 가르쳤던 선생님들, 그중에서도 특히 물리, 화학 등 자연계 선생님들께서는 현대 문명에 대해 매우 긍정적이고 적극적인 의견들을 가지고 있었다. 그들은 우리들에게 과학 문명의 발전은 우리를 모든 미신과 불행으로부터 해방시켜 주고 있고, 아직도 극복되지 않은 부분들은 과학 문명이 좀더 발전되기를 기다리기만 하면 언젠가 극복될 것이며 그렇게 되면 모든 사람들이 만족스럽고 행복된 삶을 살아갈 수 있을 것으로 가르쳤다.

그 당시 나의 주변에 있던 동료 학생들과 나는 이 가르침으로 매우 희망적인 미래관을 갖게 되었고 열성적으로 추종하고 있었다. 사회와 자신을 위해 헌신적인 일을 하기를 원했던 많은 동료들이 기대와 희망을 가지고 자연과학 부문을 전공하러 이공계 대학에 뛰어들었고 나라와 사회의 운명이 그들의 성공 여부에 달려 있는 양 어떤 종류의 책임의식을 가지고 열심히 자기의 길을 가고 있었다.

그러나 그 이후 1975년에 "로마 클럽의 보고서"를 읽고 난 뒤 과학 문명의 발전이 일반 사람들이 당시까지 생각하고 기대해 왔던 것과 일치되어 가고 있지만은 않고 있고 이 문제에 대해 재고찰을 해야 한다는 생각이 들게 되었다. 하지만 한국 내에서 또 국제적으로 과학 문명에 거는 기대는 여전히 대단한 기세여서 이로 인해 발생되는 다른 문제에 대해서는 별다른 고찰 없이 계속 공장을 짓고 산업화를 지속해 나왔다. 심지어 당시 통치의 최고 책임에 있던 자는 "전국 공장 굴뚝에서 연기가 끊임없이 솟아올라야 조국의 미래가 있다"고까지 했다.

그렇게 치달아오면서 배고픈 것은 줄어들었다고 할 수 있지만 우리들이 더 행복한 오늘을 살아가고 있다고는 아직도 여전히 말할 수 없는 상태이다. 오히려 우리는 여기저기서 우리들 삶의 질이 저하되었다는 평가들을 듣고 있고 스스로도 느끼고 있다. 예를 들어 내가 어릴 때 매년 여름이면 수영을 즐기던, 집앞을 흐르는 금호강에, 불과 20년이 지난 오늘날 그 강물 속에서 여름에 수영을 하겠다고 들어가고자 하는 사람은 아무도 없게 되었다. 맑은 물과 아름답게 빛나던 강 바닥, 왔다갔다 놀던 고기들은 자취를 감추고 흐린 물빛과 냄새만이 지나가는 이들을 괴롭히고 있는 것이 오늘의 실정이다. 좀더 잘 살아보겠다고 달려온 결과가 이러한 것으로 오늘날 우리 현실 앞에 강하게 다가오고 있다면 그 근본적인 원인과 전체의 구조들을 다시 한번 재고찰해 보아야겠다. 어디에서부터 이런 문제가 시작되었고 앞으로 어디로 가야만 우리에게 미래의 삶이 보장될 것인가?

석사 논문을 〈하느님을 모든 것 안에서 찾기(Gott suchen in allen Dingen) : 로욜라의 이냐시오 성인의 핵심 영성에 대한 오늘날의 일상 삶을 위한 고찰〉이란 테마로 마치고 난 후 다음 공부는 기술 문명과 문화의 걸어온 발자취와 현 상황에 대해 고찰하는 것으로 해봐야겠다는 생각이 들었다. 그럭저럭 유럽, 특히 오스트리아에 있는 동안에 이 문제를 연구 검토하는 여러 가지 대화들과 세미나, 강의, 책 등을 이미 많이 접하고 있었다. 아마도 몇 년 전만 해도 이런 문제에 대해서 언급하는 것은 시기상조요 다소는 감상적인 사고의 발로로 여겨지기까지 했었겠지만, 소련의 원자력 발전소 체르노빌 사건을 체험한 이후 현대 과학 문명과 문화의 문제가 상당히 심각하게 전개되고 있음을 확인하게 되었다. 현 교황 요한 바오로 2세께서도 1990년 1월 1일 평화의 날을 기해 발표한 문서에서 이 문제가 날로 심각하게 축적되어졌고 이대로 나가면 인류의 생존 문제까지 의문시됨을 강하게 언급하고 있다.

실로 오늘날엔 "회개($\mu\epsilon\tau\alpha\nu o\acute{\iota}\alpha$, metamoia)와 삶의 양식을 재고찰"하기 위한 교육이 심각하게 필요하게 되었다고 볼 수 있다. 우리 인류의 이 문제에 대한 반응이 늦으면 늦어질수록 그만큼 상황은 점점 더 나빠지고 심각해져 갈 것이다. 이 책에서 시도하고 있는 것은 우리의 현 상황에 대해 분명히 의식하고, 물질과 그 문화에 대한 생각과 삶의 형태를 재고찰하자는 것이다. 로마노 과르디니의 제의들은 현 문제들을 극복하고자 하는 노력들에 자극과 힘을 줄 수 있을 것이고 새로운 삶의 양태를 찾는 길에 도움이 될 것이다. 여러 자연과학자들과 신학자들이 이 문제의 극복을 위해 여러 가지 노력들을 이미 해오고 있고 1부에서 이들의 의견들을 일부 소개하고 있다. 뮌헨 대학에서 칼 라너의 선임자였던 로마노 과르디니는 이 문제가 오늘날과 같이 심각해지기 전에 이미 예언자적인 안목으로 많이 언급을 했었다. 2부에서 그의 생각들을 소개하고자 한다.

공부를 하도록 시간과 기회를 만들어 주신 이문희 본 교구 대주교님께 무엇보다 먼저 감사를 드린다. 또한 오스트리아 유학생활 처음부터 지금까지 친구로 함께한 분도회 Gabriel 신부와 그의 이모 Fr. Rosa Obenaus의 기도와 도움에 감사한다. 특별히 한국에서 본당신부로서 나에게 교리를 가르치고 영세를 주신, 지금은 비엔나에서 본당신부로 계시면서 가까이서 이국생활의 어려움을 덜어주셨던 Dr. Wolfgang Haupt 신부님께 감사드린다. 그리고 이 기간 동안 그곳에서 나와 함께 공부와 삶에서 오는 기쁨과 어려움들을 함께 나누었던 친구들과 교우들에게 감사한다. 그리고 나의 지도교수 신부님이자 비엔나 대학교 교의신학부 영성신학 교수인 Dr. Josef Weismayer에게 감사드린다.

목 차

머리말 · 5

서문 · 7

〈제1부〉
인류의 현 상황 고찰과 문제 극복을 위한 제언들

1. 도입 · 19

2. 현 상황 분석 · · · · · · · · · · · · · · · · · · 41
  2.1. 지구 이외 지역에서의 인류의 생존 가능성 문제 · · 41
    2.1.1. 타 항성에서의 가능성 여부 · · · · · · · · 41
    2.1.2. 태양계 내에서의 가능성 여부 · · · · · · · 44
  2.2. 지구 내의 제반 문제들 · · · · · · · · · · · · · 47
    2.2.1. 숲 · · · · · · · · · · · · · · · · · · · 50
    2.2.2. 물 · · · · · · · · · · · · · · · · · · · 50
    2.2.3. 동·식물들 · · · · · · · · · · · · · · · 51
    2.2.4. 인구 증가 · · · · · · · · · · · · · · · 51
    2.2.5. 교통 · · · · · · · · · · · · · · · · · · 53
    2.2.6. 쓰레기 · · · · · · · · · · · · · · · · · 54
    2.2.7. 땅 · · · · · · · · · · · · · · · · · · · 55

2.2.8. 화학 · · · · · · · · · · · · · · 56
2.2.9. 군비 경쟁 · · · · · · · · · · · 57
2.2.10. 원자력 · · · · · · · · · · · · 57
2.2.11. 오존 · · · · · · · · · · · · · 63
2.2.12. 광고 · · · · · · · · · · · · · 63

3. 새로운 생각과 생활 방식을 위한 제언들 · · · · · · 67
  3.1. 여러 학자들의 의견과 저자의 해석 · · · · · · · 67
  3.2. 종합 · 84

4. 문제 극복을 위한 성서적 고찰 · · · · · · · · · · 87

5. 현대 문제 극복을 위한
   공의회, 교황 및 주교 문서들 · · · · · · · · · · · 99
  5.1. 제2차 바티칸 공의회: 〈사목헌장〉 · · · · · · · · · 99
  5.2. 1971년 로마 주교 시노드:
     〈세계 안에서의 정의〉 · · · · · · · · · · · · · 101
  5.3. 1972년 교황 바오로 6세:
     스톡홀름 환경 보존 국제회의에 보내는 친서 · · · 102
  5.4. 1977년 교황 바오로 6세:
     세계 환경 보호의 날에 보내는 친서 · · · · · · · 104
  5.5. 1978년 교황 요한 바오로 1세: 교황 즉위 담화문 · 105
  5.6. 1980년 교황 요한 바오로 2세:
     파리의 UNESCO에서 행한 연설문 · · · · · · · 106
  5.7. 1980년 추기경 요셉 회프너:
     독일 주교회의 개막식에서 행한 강의
     "기술 문명 시대의 인간과 자연" · · · · · · · · · 107

5.8. 1985년 독일 주교단과 개신교의 공동 선언문:
　　　〈창조 세계를 위한 책임감 인식〉········· 110
5.9. 1990년 교황 요한 바오로 2세:
　　　1월 1일 세계 평화의 날, 평화를 위한 제언들··· 111
5.10. 종합 ···················· 116

6. 제1부에 대한 종합적 고찰 ············· 119

〈제2부〉
로마노 과르디니: 예언자적 현대 문명 비평가

1. 생애와 저서 ················· 127
　1.1. 생애 ·················· 127
　1.2. 저서 ·················· 135

2. 세계관 ···················· 137
　2.1. 세계에 대한 이해 ············· 138
　2.2. 세계: 피조물 ··············· 142
　2.3. 세계: 필연적이지 않은 존재 ········ 146
　2.4. 무: 세계의 경계선 ············ 147
　2.5. 세계: 폐쇄적이 될 수 있는 존재 ······ 149
　2.6. 과르디니의 세계관과 현 문제와의 연관성 ···· 151

3. 인간학과 자유 ················· 153
　3.1. 인격의 현상론 ·············· 154
　　3.1.1. 형태 ················ 154

3.1.2. 개체성 · · · · · · · · · · · · · · 155
　　　　3.1.3. 개성 · · · · · · · · · · · · · · · · 157
　　3.2. 인격의 본질론 · · · · · · · · · · · · · · 158
　　　　3.2.1. 독립성과 주체성 · · · · · · · · · 159
　　　　3.2.2. 나와 너의 관계 · · · · · · · · · · 162
　　　　3.2.3. 인격과 다른 인격들: 언어 · · · · · · 163
　　3.3. 인격과 하느님 · · · · · · · · · · · · · · 165
　　　　3.3.1. 인간적 인격과 신적 인격 · · · · · · · 165
　　　　3.3.2. 그리스도교적인 나 · · · · · · · · · 166
　　3.4. 자유 · · · · · · · · · · · · · · · · · · 169
　　3.5. 과르디니의 인간관과 현대 문제와의 연관성 · · · · 171

4. **현대 문제 고찰** · · · · · · · · · · · · · · 177
　　4.1. 우리 시대에 대한 이해 · · · · · · · · · · · 179
　　4.2. 인간에 대한 염려 · · · · · · · · · · · · · 180
　　4.3. 문화와 위험성 · · · · · · · · · · · · · · 182
　　　　4.3.1. 문화의 형성 요소 · · · · · · · · · 183
　　　　4.3.2. 문화의 존재적 성격 · · · · · · · · 184
　　　　4.3.3. 자연적인 것으로부터의 분리 · · · · · · 184
　　　　4.3.4. 현 시대의 미래 전망 · · · · · · · · 186
　　4.4. 근대의 종말 · · · · · · · · · · · · · · · 188
　　　　4.4.1. 중세 세계관과 존재 느낌 · · · · · · · 188
　　　　4.4.2. 근대 세계관의 발생 · · · · · · · · · 189
　　　　4.4.3. 근대 세계관의 종말 · · · · · · · · · 190
　　4.5. 권력 · · · · · · · · · · · · · · · · · · 193
　　　　4.5.1. 권력의 본질 · · · · · · · · · · · · 193
　　　　4.5.2. 권력에 대한 신학적 이해 · · · · · · · 194

    4.5.3. 새로운 세계관과 인간관 ········· 195
  4.6. 현대 세계 내에서 그리스도인의 과제 ····· 198
  4.7. 우리 시대에서의 믿음··············· 200

5. 문제 해결을 위한 과르디니의 처방 ······· 203
  5.1. 회개 (μετανοία, *metanoia*) ········ 204
  5.2. 마음을 비움 ··················· 205
  5.3. 자기 수련 ···················· 207
  5.4. 정의 ······················· 210
  5.5. 자비 ······················· 211
  5.6. 감사 ······················· 213
  5.7. 마음을 모음 ··················· 214
  5.8. 자신을 있는 그대로 받아들임 ········ 217
  5.9. 우리 시대에 성인이 되는 길 ········· 219

결론 ···························· 225

과르디니의 저서 약어표 ················ 230
참고 서적 ························ 232

〈제 1 부〉

인류의 현 상황 고찰과 문제 극복을 위한 제언들

1
도 입

인류의 역사가 현재까지 진행되어 오는 과정에서 세상이 곧 멸망할 것이라는 주장들은 많이 있었다. 특히 역사적인 큰 변화의 시기에 세상 종말에 대한 주장은 백성들을 사로잡는 위협적인 존재가 되었다. 그 한 예로 유대인들이 막강한 로마인들의 지배하에 놓여 그들 고유의 국가를 재건할 가능성을 찾아낼 희망을 가지기가 더 이상 어려워졌을 때 세상 종말에 대한 생각과 분위기들이 팽배하게 되었다. 미래에 대한 희망이라고는 찾아볼 수 없는 절망적인 상황에서 세상 종말의 분위기가 파괴적인 기운으로 부각되었던 것이다. 이러한 경향들은 그 이후에도 역사적 변천 속에서 여러 번 반복되었다. 5~6세기에 유럽에서 있었던 민족 대이동 시기에도 세상 종말은 강하게 언급되었고, 15~16세기에 새로운 세계들, 즉 아프리카, 아메리카 그리고 오스트레일리아 등을 접하면서도 같은 분위기가 있었다. 전쟁이나 자연 재해, 병, 굶주림, 이외의 여러 가지 일들로 시달려 고통과 공포 속에 놓이게 될 때 인류는 그때마다 세상 종말에 대한 생각을 해 오곤 했었다.

이러한 변동과 어려움의 시기에는 또한 바로 앞에 다가온 세상 종말의 날짜까지 그때마다 언급하는 소위 예언자들과 사이비 종파들이 나타나기도 했다.[1] 이러한 우주적 재해를 예시하는 모든

---

1. 예를 들자면 통일교, 여호와의 증인 등 그외 여러 사이비 종파들.

표현들은 어떤 새로운 결단을 종용하는 회화적인 옷들이라고 할 수 있겠다.

인류 역사를 전체적인 한눈으로 고찰하고자 하는 사람들의 시도들은 다른 관점으로 방향을 제시해 보고 있다. 아놀드 토인비는 여러 민족들 각각의 발전은 하나의 공통된 기점으로 나아가고 있으며 역사적 발전에는 하나의 시작과 하나의 목표가 있다고 얘기하고 있다. 떼이야르 드 샤르댕의 인류 진화론은 우리에게 시사해 주는 바가 제법 크다고 간주할 수 있겠다.

> 인간의 수와 상호간의 관계의 증가로 인해, 또 서로 공통된 힘에 대한 의식의 깨우침과 상호 공통된 존재자로서의 두려움들로 인해 미래의 인간들은 틀림없이 하나의 공통된 의식을 갖게 될 것이다. 그리고 인간들이 그들의 모아진 정신적 힘과 측량 불가능한 무한한 우주 그리고 그들이 좁은 감옥에 사로잡혀 있음을 인지하게 될 때 이 의식은 성숙하여 완성될 것이다.[2]

샤르댕은 이 우주적 의식이 완전히 성숙하기까지 수천 년, 수십만 년의 기간을 잡고 있으며 인류는 지금 초보 단계에 있는 것으로 간주하고 있다. 그러나 이 우주적 의식 역시 하나의 한계를 갖고 있다. 그는 계속해서 말하기를:

> 만약 시간의 종말이 가까워지면 각 인간의 정신들은 이 지구를 떠나고자 하는 욕구가 강하게 커져서 마침내 더 이상 지탱하기 어려운 강도의 압박으로 작용하게 될 것이다. 이 압박은 상호 일치되어 갈 것이다. 그러나 동시에 성서에서 얘기하는 대로 하나

---

2. P. Teilhard de Chardin, *Die Zukunft des Menschen* [Olten 1963] 401.

의 깊은 분열이 지구 위에 일어날 것이다. 한쪽은 스스로의 힘으로 돌출하여 세상을 더 강하게 지배하기를 원할 것이고, 다른 쪽은 그리스도의 말씀을 따라 그리스도의 말씀과 더불어 하느님의 품안에 받아들여지기 위해 세상의 종말을 괴로울 정도로 기다리고 있을 것이다. 그러면 의심할 여지 없이 폭발을 불러일으킬 정도로 일치성을 이룬 피조물은 하나의 Parusie, 즉 종말을 맞이하게 될 것이다. 그렇게 되어 태초부터 시작되어 온 동화와 종합의 작용은 마침내 완성될 것이다. 즉, 우주적 그리스도가 서서히 성화되어 가는 세상 위에 떠 있는 구름 속에서 강력한 하나의 빛으로 빛나며 드러날 것이다.[3]

쿠르트 벡시는 그의 책 〈종말을 향한 행진〉에서 인류 역사의 발전 과정을 종말론적 입장에서 새로운 다른 하나의 흥미진진한 해석을 내리고 있다.[4] 그는 그의 풍부한 역사에 관한 지식을 이 책에 이용하고 있다. 그의 역사적 고찰의 안목은 교회 안의 내분에서 시작하여 오늘날의 내적 갈등까지 미치는데, 그는 점차적으로 누적되는 사회적 긴장과 권력의 집중을 종말론적 변증법 원리의 구체적인 표현으로 보고 있다. 이 변증법의 목적, 즉 종말은 원자 시대인 오늘날에 벌써 도달한 것으로 보고 있다. 벡시에 의하면 이 "종말을 향한 행진"은 세계사 안에 그리스도교가 나타나면서부터 이미 시작된 것이다. 종말론은 우리로 하여금 세계사 안에 존재하는 수없이 많은 사건들을 전체적인 입장에서 한눈으로 보고 그것을 정리할 수 있게 하는 일종의 능력을 가지게 한다. 인류는 선을 선택할 수 있다. 인류는 또한 선을 선택할 수 있는

---

3. 위 402.
4. Kurt Becsi, *Aufmarsch zur Apokalypse* [Wien, Hamburg 1971].

그만큼 악도 선택할 수 있다. 그리고 세계사란 바로 이 선의 세력과 악의 세력간의 끊임없는 갈등이 쌓이면서 점차적으로 위기를 증가시켜 가는 여정이라 할 수 있겠다. 벡시는 바로 이 선과 악의 갈등이 전술적으로는 마침내 세계 전체를 파괴시킬 수 있는 상황이 바로 가까이에 다가왔음을 인지시켜 주고 있다.

인류의 역사 안에서 오늘날만큼 강하게 인류의 장래에 대해 염려를 해본 적이 없는데 그 이유는 인류가 스스로의 손에 의해서 이 시간 또는 다가오는 몇 시간 안에 언제라도 완전히 멸망할 수 있는 가능성이 엄연히 존재하기 때문이다. 이전 세대들에게는 시간이란 무한정으로 연속되는 것으로 보여졌었다. 시간이란 마치 공기나 물, 동식물처럼 피조물들 중의 하나에 당연히 소속된 영구한 것이었다. 그러나 이제 대량 살상이 가능한 무기의 시대에 시간이 한계가 있는 존재로 이해되고 있다.

현재 살아 있는 사람들은 자신의 생존 여부만 염려하는 것을 넘어서게 되었다. 우리 시대에는 우리 자신의 생존 여부에 대한 염려뿐만이 아니라 우리와 더불어 다가올 모든 세대의 사람들도 함께 멸망할 수 있는 것을 두려워하게 되었다. 어느날 아침 갑자기 지구 위에 생존하는 모든 생명체가 그 삶의 역사를 영원히 중단해야만 하는 사건이 불식간에 일어날 가능성을 불행히도 갖고 있게 되었다. 이러한 가능성과 두려움의 그늘에 계속 살아가는 것이 어떤 의미를 가지게 되었는가? 우리 인류는 이것을 거슬러 무엇인가를 해볼 수 있는 가능성을 아직도 가지고 있는가? 아니면 이러한 상황 앞에 인류는 완전히 무능함을 인정하면서 무엇이 일어날는지 불안한 상태로 두고 보면서 기다리고만 있어야 하는가? 사람들은 더 이상 과거에 그랬던 것처럼 미래에 대한 큰 희망 속에 있지 못하고 두려움 속에서 여러 가지 다른 종류의 반응들을 보이고 있다.[5]

커다란 불행으로 치달을 수 있는 우리들 현재의 운명에 처하여 절망하여 주저앉기보다는 정확한 연구, 분석, 고찰로 희망적인 측면들을 밝혀내어 제시할 수 있어야 하겠다. 그것이 가능하기 위해서는 우선 책임감에 대한 통찰이 깊어져야 하겠다. 그것에 더 나아가서 다가오는 문제들과 문제 극복의 가능성들을 미리 알 아낼 수 있도록 여러 가지 미래 전망들을 두고 심사숙고해 보아 야겠다. 이러한 노력들은 다만 문제들의 확고한 분석과 가능한 여러 가지 처방들을 내는 것으로만 만족해서는 안되고 이 위기 상태에서 빠져나오는 길들을 발견해 내고 가능한 대로 많은 사람 들을 고무시켜 비판적 이성과 창조적 상상력 그리고 이러한 위협 들에도 불구하고 꺾이지 않는 생명력으로 문제의 극복을 위해 정 진하게 해야겠다.

지난 3세기 동안 자연과학의 발달은 인간으로 하여금 자연 현 상을 심층적으로 분석하고 각 부분마다 정확히 알 수 있게 하여 인간은 자연을 지배하게 되고 그때까지 숨겨져 있던 자연의 힘들 을 계발해 내어 엄청난 양으로 사용하게 되었다. 이 졸고 있던 힘들을 사용하는 것이 처음엔 인류를 위해 긍정적인 결과들로 나 타났으나 20세기에 들어와서는 부정적인 면도 점점 더 현저히 드러났다. 여기에는 군비 경쟁이나 자연 환경 파괴와 같은 금방 알아볼 수 있는 위험들만 속하는 것이 아니라 교통, 통신의 발 달, 식량 증가, 의학 발전 그리고 기계들로 인한 육체 노동의 감 소 등과같이 처음에는 긍정적인 것으로 대단한 환영을 받았던 것

---

5. 미래학 학자 Dr. Robert Jungk 교수는 이 상황에서의 사람들의 기본 태도를 세 가지로 분류해 보고 있다:
　1) 현 상황의 심각성을 부정하거나 잊어버리려는 시도,
　2) 피할 수 없어 보이는 운명 앞에 포기해 버리는 태도,
　3) 인류 생존에 위험을 주는 이 상황에 대한 정확한 이해와 극복을 위한 시도들 (B. Harenberg 편 *Chronik der Menschheit* [Dortmund 1984] 1064).

들도 속한다. 예를 들어 교통 사고, 인구의 폭발적인 증가, 자연
환경의 오염(공기, 물, 땅, 소음 등) 그리고 실업 등은 긍정적인
것에 따르는 위협적인 부가산물이다. 로베르트 정크는 말하기를:

> 성공적인 학문과 기술의 발달로 인해 계속 증가되고 있는 위험들
> 을 극복하는 것이 우리 시대에 있어서 중심 과제가 되었다.[6]

샤르댕은 1920년 9월 17일에 벌써 발전에 대해 주목할 만한 의
견을 제시하고 있다:

> 사람들은 지금 이 사실을 보고 있다. 발전이란 것이 사람들이 일
> 반적으로 생각해 왔던 그런 것이 아니란 사실을. 그리고 사람들
> 은 그들이 생각해 왔던 그런 발전이 오지 않고 있는 것에 노여움
> 을 가지게 되었다.[7]

슈바이처 박사는 이 문제에 대해 언급하기를:

> 인류의 외적 진보들이 개개인의 정신적·도덕적 완성에 우리가
> 생각해 왔던 대로 서로 연관성을 가지고 일치하고 있을까? 우리
> 는 지금 하나의 환상 속에서 이들을 한 곳으로 밀어넣어 보고자
> 노력하고 있지나 않을까? 과연 정신은 하나의 행위 안에서 다른
> 것을 위한 어떤 이익을 참으로 얻어내고 있을까? 우리가 이상적
> 인 것으로 세워 두었던 것을 결코 실현시켜 내지 못하고 있다.
> 우리는 외적인 진보 속에서 우리 자신을 잃고 있으며 개인의 내

---

6. 위 1065.
7. P. Teilhard de Chardin, "Das Tor in die Zukunft": G. Schiwy 편 *Ausgewählte Texte zu Fragen der Zeit* [München 1984] 86f.

면화와 도덕화를 정지 상태에 두고 있다.[8]

라우흐베터는 또한 다음과 같이 주장하고 있다:

> 과학 문명이 가져다준 두려움 중에는 언제 사고가 발생될지 모르는 원자 폭탄이나 원자력 발전소만 속하는 것이 아니다. 살생적인 독성을 가진 화학 물질들, 최근에 문제되고 있는 대대로 전해 내려온 정상적인 생명체의 유전 인자에 엄청난 결과를 불러일으킬 수 있는 변형을 줄 수 있는 유전 공학, 생물학 등도 여기에 속한다. 현대 세계에서의 과학과 기술의 발전은 예측을 불가능하게 하는 위협적인 힘들로 계속해서 변형되어 오고 있다. 악의 세력이 가진 조작 능력은 굉장한 국면에 이르렀다.[9]

만약에 우리가 산업사회와 그리고 이후에 올 초현대적 산업사회가 튼튼한 반석 위에 서 있고 인류는 지금 모든 사람에게 삶의 질과 행복을 보장하는 최고 수준의 사회를 향한 여정에서 바로 그 정상 앞에 있다고 주장하는 어떤 미래 분석가의 의견이 틀림없고 정확하다고 믿는다면, 그것은 하나의 환상을 믿고 있는 것이나 다름없다. 적지 않은 이론가들이 몇 해 전까지만 해도 — 그리고 오늘날에도 여전히 — 인류는 진보된 학문과 기술의 도움으로 모든 질병으로부터 해방되고, 현세적 물질에도 충족함에 도달해 지상에 낙원을 이루고 살 것이라고 주장했다. 물질적인 충족과 풍요가 얼마나 적게 인간의 참된 행복과 만족에 도움이 되고 있는지는 우리가 바로 물질적인 풍요를 누리는 국가들에 정신

---

8. A. Schweitzer, *Kultur und Ethik* [München 1981] 107.
9. G. Rauchwetter, *Fortschritt nach innen. Von der Konsum- zur Kulturgesellschaft* [Olten 1986] 16f.

병원들이 더 많고 그곳에 환자들로 꽉 차 있음을 한번 보는 것으로도 충분하다. 우리가 살고 있는 현재는 과거의 살아온 삶의 모습을 반영하기도 하지만 아직은 알려지지 않은 미래와도 여러 가지 관련을 가지고 있다.[10]

이러한 미래가 여러 가지 원인들을 가지고 우리에게 염려스럽게 다가오고 있으므로 우리는 망설이거나 주저함 없이 이들의 극복을 위해 온갖 긍정적인 방법들과 힘을 동원해야 할 것이다. 오늘날에 있어서 문제의 핵심은 이러한 모든 종류의 위기들은 어느 한 부분에 머물러 있지 않고 지구 전체에 피할 수 없이 퍼져 영향을 주고 있는 것이다.[11] 이것은 곧 우리가 오늘날 이미 지구 전체와 연관된 삶의 시대에 살고 있음을 의미한다. 지구 위에 존재하는 여러 종류의 사회와 국가가 여러 가지로 서로 얽혀 지속적인 영향을 주고받고 있는 이 지구적 삶의 시대(Das planetarische Zeitalter)는 19세기에 싹이 터서 20세기에 들어와 두 차례의 세

---

10. Edgar Morin은 얘기하기를: "미래 학자들은 21세기를 그동안 축적된 기술 문명의 발전이 가져다줄 오랫동안 기다려 온 성숙된 열매들을 수확하는 풍요한 시기로 보고 있다. 그러나 실제에 있어서는 우리가 새로운 시대의 시작 부분에 살고 있지나 않는지 자문해 보아야겠다" (M. Salomon 편 *Die Zukunft des Lebens. Die Antwort der Wissenschaftler* [Wien – Hamburg 1981] Vorwort).

11. 주간지 *TIME*은 1989년을 "지구의 해"로 선정했다. 선정한 이유로서 다음과 같이 언급하고 있다: "우리는 지금 해마다 엄청난 양으로 파괴되고 오염되어 가는 지구를 보호하기 위해 전세계에 걸쳐 정치적 기구들을 조직해서 서로 돕고 희생을 바쳐야겠다. 개개인 각자가 자신의 삶의 양식을 변형시키지 않는 한 지구를 보호하기 위한 모든 노력들은 어떤 긍정적인 효과도 가져오지 못하고 허사가 되고 말 것이다. 우리가 살고 있는 지구에 대해 염려하는 어떤 의식도 없이 자원을 마음대로 사용하고 낭비하던 시대는 이제 과거의 일로 돌려져야 한다. 우리는 지금 지구 위에서 살아가는 것이 계속 가능하기 위한 노력에 정열을 쏟는 강한 의지와 현명한 판단력을 가진 훌륭한 지도자를 필요로 하고 있다. 만약에 우리가 이것을 하지 않는다면 우리는 지구가 원자 폭탄의 폭발로 갑자기 일시에 멸망하거나 아니면 자원 낭비와 환경 오염으로 서서히 멸망되어 가는 것을 막지 못할 것이다"(*TIME* 1989.1.2.).

계대전을 거치는 동안 자라왔고, 오늘날에는 헤아릴 수 없이 많은 경제적·산업 기술적·이념적·정신적 관계 속에 얽혀 상호 관련되어 의존하고 있다. 국가의 차원을 넘어서는 문제들이 마침내 세계 전체의 문제로 연관을 갖게 되었다. 기술 문명에 의해 점차적으로 가능하게 된 세계 전체를 감싸는 통신과 교통, 경제적 상호 일치성과 의존성은 한 지역과 국가 속에 사는 사람들을 더 이상 독립적이었던 이전의 상태로 두고 있지 않는다. 기술 문명의 발달이 동질화와 중앙집권주의를 가져오는 바로 그곳에 문화적 퇴보도 동시에 일어나고 있다. 그러므로 이 위기는 바로 인간적인 세계가 될 능력을 상실해 버린 세계 전체의 위기가 되고 있다. 에드가 모린은 얘기하기를:

> 상당한 수준의 학문적 성과나 기술적 개발들이 그것을 발전시킨 사람들의 영역에서 벗어나와 인공적인 조작을 일삼는 억제하기 힘든 세상 속의 권력들 손아귀에 자주 넘어가고 만다. 과학자들은 자신들도 마음대로 통제할 능력을 가지지 못한 채 전대미문의 엄청난 힘들을 개발시켜 놓았다. 각자의 연구실 안에서는 이 힘들이 개체로 남아 있지만 정치권의 영역에서 이 힘들은 모아지고 집중되어 대단한 가능성을 가진 존재로 둔갑하여 때때로 전쟁과 탄압의 도구가 되어 버린다. 오늘날 이 거대한 괴력을 통제하는 역할을 하고 있는 것은 다만 상호간에 가진 두려움뿐이다. 그러나 만약 언젠가 한번 이 힘의 균형이 깨어지거나 누군가가 착각이라도 한다면 어떤 사태가 벌어질까? … 오늘날에 있어서 통계적·현실적으로 보아 이러한 경향이 계속 진행될 경우 재앙과 폭동, 완전한 부자유와 죽음에로 이끌어 갈 수 있다.[12]

---

12. E. Morin, "Vorwort": M. Salomon 편 *Die Zukunft des Lebens*.

오늘날 아직도 수많은 과학자들이 연구소에서 그들의 정신적 모든 역량들을 좀더 효과적이고 좀더 치명적인 무서운 무기들을 개발하는 데 쏟고 있다.

인류의 미래에 대해서 어떻게 생각할 것인가가 오늘날에 와서는 이전의 그 어떤 시대보다 더 큰 문제가 되었다. 인류가 과연 아직도 미래에 대해 낙관해도 괜찮은 여지가 남아 있는가? 아니면 커다란 두려움과 포기 속에서 마지막 순간이 오기를 기다리기만 하고 있어야 하는가?

부정적인 세계관보다는 낙관적인 세계관을 본성적으로 더 많이 가진 유럽인들은 중세 이후 근대를 거쳐 현대에 이르기까지 기술 문명을 개발시켜 왔다. 데카르트를 비롯해서 칸트와 그 이후의 철학자들에게 관심과 토론의 대상이 되어 온 인식론의 문제도 낙관인 세계관의 범주 안에 들어 있다. 그런데 실제에 있어서는 사고의 역사 안에서 낙관적 세계관과 부정적 세계관이 각각 분리해서 어느 한쪽만 절대적인 존재로 부각되었던 적은 드문 일이었다. 일반적으로는 어느 한쪽이 강하게 드러나는 그 뒷면에선 다른 쪽이 은근히 함께 영향을 주는 형태로 공존하고 있었다.

부정적 세계관은 삶에 대한 의지를 약화시킨다. 이것은 한 개인이나 사회가 진보에 대한 가능성이나 아니면 생존의 가능성조차 전혀 믿을 수 없는 상태에 놓일 때 싹터 온다. 이 부정적 세계관은 그것이 표면에 드러나거나 의식되지 않는 상태에서 은근히 작용해 올 때 위험한 존재가 된다. 부정적 세계관은 삶을 긍정하는 모든 가치있는 생각들을 좀먹어 간다. 숨겨진 자석처럼 이것은 삶의 길을 알려주는 나침반을 의식도 못하는 사이에 서서히 고장내면서 방향을 바꾸어 놓는다. 진정한 낙관적 세계관은 어떤 종류의 의미심장한 단정과 별로 상관을 않는다. 그것은 삶과 세계를 긍정하는 모든 종류들을 보는 것 안에 존재한다. 적극

적인 의지가 가져오는 진정한 낙관적 세계관은 우선 부정적 세계
관과 하나의 어려운 싸움을 거쳐야 한다. 왜냐하면 이 진정한 낙
관적 세계관은 왜곡되고 변형된 낙관적 세계관에 먼저 가려지고
왜곡 변형된 낙관적 세계관이 그러한 존재로 드러나는 일이 자주
있기 때문이다. 예를 들자면 오늘날 우리 가까이의 삶의 방향을
잃은 사람들이 쉽게 찾는 많은 종류의 오락물들이 바로 표면적이
고 인공적인 쾌락을 불러일으키는 조작된 낙관적 세계관이다. 이
러한 조작된 낙관적 세계관은 그 속에 숨겨진 더 깊은 부정적 세
계관을 덮고 번성하고 있다.

슈바이처 박사는 다음과 같이 얘기하고 있다:

> 낙관적 세계관과 부정적 세계관은 현재의 모든 상황에서 미래에
> 대한 희망을 가질 수 있느냐 하는 판단에 좌우되는 것이 아니라
> 우리의 의지력이 무엇을 원하느냐에 달려 있다. 즉, 이들은 판단
> 의 질이라기보다는 의지력의 질이다.[13]

세계의 삶에 대한 진정한 긍정은 우리들이 우리의 삶과 우리를
통해 이렇게 또는 저렇게 영향을 받을 수 있는 모든 것들을 유지
하고 성숙시키기를 원하는 의지를 갖는 것에 있다. 이것은 우리
에게 우리가 물질적인 것이든 정신적인 것이든 인간과 사회의 원
숙한 성장을 위해 노력하고 지속적인 희망을 가질 수 있는 방향
으로 나아가기를 원한다. 세계 안에서 일어났던 것과 또한 현재
도 진행되고 있는 사건들의 상태를 살펴보면 낙관적인 세계관을
가질 수 있는 여지는 참으로 적다. 그러나 삶에 대한 의지력은
이 모든 부정적인 현상들보다 더 강함을 우리 속에서 스스로 느

---

13. A. Schweitzer, *Kultur und Ethik* 112.

끼고 있다. 삶에 대한 본능적인 경외심이 우리 안에 내재하고 있다. 우리들은 곧 삶을 향한 의지인 것이다.[14] 아마도 그렇기 때문에 우리는 생명이 이미 떠난 시체를 볼 때 본능적으로 싫어하고 움츠러드는 것일 것이다. 살아 있는 것, 싱싱한 것은 기쁨을 주면서 우리를 끌어당기고 죽은 것은 우리를 놀라게 하고 떠나게 한다. 삶에의 의지는 불편하고 고통스러운 존재로 머물러 있는 현실에 대한 앎에 맥을 놓고 주저앉는 것을 허락하지 않고 자신 안에 내재하는 생명력을 불태워가면서까지 일어서려고 노력한다. 우리들의 삶에 대한 의지력은 현 세계를 관찰함으로써 알게 되는 모든 부정적인 현상들보다 더 강함을 우리는 알고 있다. 현존하는 세상 안의 모든 부정적인 현상에 굴복하여 포기하도록 우리를 놓아 두지 않는 가치있는 것들과 용기를 불러일으키는 것들이 우리 안에 엄연히 존재하고 있다.

   현 세계에 대한 나의 지식은 하나의 외적 지식이고 언제나 불완전한 상태로 머물러 있다. 그러나 삶을 원하는 의지에 대한 지식은 직접적이고 비밀의 베일 속에 가려져 있는 내적인 충동들로 차 있다. 그러므로 중요한 것은 내가 나의 이 삶에의 의지에 성실하느냐 않느냐의 문제이다. 이 삶에의 의지는 밤중에도 지도 없이 항로를 찾아낼 수 있을 정도로 나의 삶 속에 강하게 살아 있다. 이 삶에의 의지를 약화시키는 어떤 종류의 행위들도 실제로는 자기 자신에게 솔직한 태도가 아니며 일종의 병적 현상이다. 삶에의 의지의 본질은 내면에 든 가능성들을 모두 일궈내어 충만된 삶을 살고자 하는 것이다. 이것은 가능한 대로 자신을 완전히 성취하고자 하는 강한 충동을 내포하고 있다. 어떻게 하여 이 충동이 우리 안에 생겨 성장하고 있는지 우리는 알지 못하고

---

14. 위 299.

있다. 그것은 우리의 존재와 더불어 함께 주어져 있다. 다만 우리가 자신의 삶에 불성실하기를 원치 않는다면 이 신비에 가득 찬 삶에의 의지에 따라가야 하는 것이다.[15]

만약 이 삶에의 의지가 위기에 닿아 지금까지 자연스럽게 살아왔던 삶의 방법들을 재고해 보아야 한다면 사고력은 자신에게 주어진 모든 종류의 지식과 창조력을 동원하게 될 것이다. 삶에의 의지가 우리 안에서 어떤 종류의 왜곡됨도 없이 진실하게 유지되느냐의 문제가 우리들 존재의 운명을 가늠하는 것이 될 것이다. 삶에의 의지는 바로 모든 존재가 기초를 두고 있는 무한히 커다란 의지에 싸여 있고 다른 연료를 받아서만 빛을 내는 불꽃이 아니라 위기 상황에서는 자기 자신을 소모해 가면서까지 빛을 유지하려는 존재이다. 특히 고통만 눈앞에 보이는 어려운 상황에서도 포기하지 않고 자신을 지키기 위해 애를 쓴다. 깊은 생명의 경외 속에서 일반적으로 볼 때 살아갈 가치라고는 하나도 찾아볼 수 없는 상황에서도 이 세계로부터의 자유로움에 도달하는 등 삶에의 의지는 자신의 현존을 가치있게 만든다. 평화와 큰 내적 힘은 바로 이 자유로움에 도달한 사람에게 있으면서 타인에게로 전달된다. 이러한 자유는 우리로 하여금 진솔하게 살아갈 수 있도록 존재하는 모든 종류의 행위와 고통 안에서도 신비한 존재를 체험하게 한다.

이렇게 우리의 삶은 삶에의 의지를 약화시키려는 세계 안에 일어나는 모든 종류의 현상들과의 지속적인 투쟁이다. 낙관적인 세계관과 부정적인 세계관은 지금도 우리 안에서 싸움을 계속하고 있고 언제 끝이 날는지 알 수 없는 일이다. 그러므로 삶에의 의지가 새롭게 정신을 가다듬어 자신을 지켜 나가는 것을 훈련하는

---

15. 위 302.

것은 깊은 의미가 있는 일이다.

역사적 여정에서 각 시대마다 인류에게 극복해야 할 과제가 있었다. 이 과제가 잘 성취되느냐의 여부에 따라서 그 세대와 그 뒤를 이어 따라오는 세대들의 안녕과 번영에 커다란 영향이 있었다. 현 시대에 우리들에게 주어진 과제들은 특별히 더 심각하고 신속한 대응을 요구하는 것으로서 인류 역사상 처음 있는, 더 이상 머뭇거리며 계속 진행되도록 두고 있을 수 없는 것들이다. 우리 지구가 가지고 있는 자원은 아직도 많이 남아 있지만 제한되어 있다는 것은 명백한 사실이고, 지금까지 해온 것처럼 자제함 없이 계속 마구 사용하는 것을 지속할 때는 고갈과 큰 재앙을 쉽게 예견하게 한다. 사실상 오늘날 우리는 지금까지 살아온 방법에 문제가 생겼고 이 문제는 뒤이어 따라올 세대들만이 아니라 우리 세대 자체의 장래마저 위협하고 있다는 사실을 인식하게 되었다.

우리의 지구가 다가올 후세대들에게도 여전히 삶의 공간과 보금자리를 제공할 수 있도록 바로 이 시점에서 우리는 삶에의 의지를 강하게 행동으로 옮겨야 하겠다. 비엔나 대학교 농과대학의 지질학 교수였던 헤르베르트 프란쯔는 다음과 같이 밝히고 있다:

> 우리는 그동안 모든 것을 기술의 발달로 해결할 수 있었으며, 땅은 우리가 원하는 무엇이든지 다 줄 수 있을 것이라는 착각 속에서 획기적인 경제적 성장을 지속시키면서 우리의 안락한 삶과 세속적인 행복을 한계 없이 계속 높일 수 있을 것으로 생각해 왔었다. 그러한 과정에서 우리는 지구 위의 자원을 헛되이 많이 낭비해 왔으며 그 안락한 삶도 제3세계의 축적되어 가는 빈곤 위에 성립된 것이라는 것을 의식하지 못하고 있었다. 최근에 와서 비로소 지난 몇 년 동안의 문제들, 즉 에너지 문제, 경제적·정치

적 어려움 등을 겪으면서 이 착각이 의식 속에 드러나고 있다. 우리가 지금까지 다음 세대들이 살아가는 데 사용하도록 놓아 두어야 할 것까지 미리 당겨서 소모하면서 생활의 편의를 누려 왔으며 그것은 벌써 우리 세대 자신의 미래까지도 위협하고 있음이 점점 더 분명해지고 있다. 오늘날에 와서 지금까지의 경제적·정치적 노선을 근본적으로 변형시켜야 한다는 것을 의심하는 사람은 없다. 문제는 "어떻게"란 것이다.[16]

지금까지 살아온 방법을 바꾼다는 것은 말하기는 쉽지만 실제로 행하는 것은 매우 어려운 일이다. 왜냐하면 산업화, 군비 경쟁, 환경 오염 등은 이미 대단한 축적을 이룩했고 우리가 더 이상 제어하기 힘든 자체 내의 동력과 논리를 구축해 버렸다. 분명한 것은 우리 모두가 힘을 모으고 함께 각자 주어진 상황에서 자발적으로 소모를 줄이는 노력을 기울일 때 이 문제를 극복해 볼 수 있는 희망을 가질 수 있다. 이러한 공동 노력을 우리가 살아온 방법과 생각들을 근본적으로 다시 고찰하여 자연 질서와 일치를 이룰 수 있는 목표들을 제시하면서 전체적인 책임감을 갖고 할 때에 뜻을 이룩해 나갈 수 있겠다.

오늘날 우리 시대에 내재해 있는 여러 종류의 문제들의 뿌리는 사실상 매우 깊다. 과르디니는 벌써 예시적으로 20세기가 진행되는 동안에 인간과 인간의 업적과의 관계가 근본적으로 변하고 있음을 알고 있었다.[17] 20세기의 인간은 그 이전에 수공업자가 그의 작품과 원하든 원하지 않든 가졌던 개인적 관계를 잃어버렸다.

---

16. Herbert Franz, "Die gegenwärtige Situation als Auftrag": H. Franz – G. Fritsch – R. F. Kneucker 편 *Lebenskunde für die Zukunft. Neue Strategien für eine lebenswerte Welt* [Wien 1985] 7.
17. R. Guardini, *Das Ende der Neuzeit und die Macht. Ein Versuch zur Orientierung und einer Wegweisung* [Mainz 1986].

이전에는 도구가 인간에게 봉사를 했지만, 이제는 인간이 기계에 얽매이게 되었다. 이전에는 수공업자가 자신의 일의 속도를 자기에 맞추어서 스스로 조절했지만 오늘날에는 기계가 일의 속도를 정하고 많은 경우에 인간을 일자리에서 기계의 노예로 만들고 있다. 노이로제와 그외 여러 종류의 정신병리적 현상들이 이러한 기계의 노예 현상에서 자주 발생되고 있는 것이다.

이 기계화 현상은 점점 심화되어 자동화에 이어 이제는 컴퓨터 기술로 연결되고 있다. 이제는 이러한 기술 문명의 힘이 자연에 비해 너무나 커져서 지금까지 전래되어 오던 인간의 행위의 영역을 벗어나서 새로운 차원에 도달하게 되었다.

오늘날 여러 가지 국가적 차원의 큰 사업 계획들에는 계획을 세우는 사람들이 의도했던 것들이 그들의 손을 떠나 실제로 실행되어 가는 과정에서는 경험과 학문적 지식의 부족으로 여러 가지 부가적인 일들이 따르기도 한다. 현대 기술의 거대한 계획들은 이러한 불확실성을 안고 그 누구도 책임지지 못하는, 어떤 영향을 가져오게 될지 사전에 감지하기 어려운 위험들을 내포하고 있다. 한스 요나스는 말하기를:

> 우리의 힘은 우리의 무능보다 더 무서운 존재이다. 일정한 기간 동안 일정한 지역 안에 편리를 가져오고 있는 이 기술 문명의 진보는 어느 때에 이르게 되면 모든 시대 가운데 가장 불행한 사태, 즉 지구 전체 위의 삶을 막바지에 닿게 할 것이다.[18]

울리히 덴크하우스 역시 같은 의견을 제시하고 있다:

---

18. Hans Jonas – D. Mieth, *Was für morgen lebenswichtig ist. Unentdeckte Zukunftswerte* [Freiburg i. Br. 1983] 15.

우리는 지구가 우리에게 마구 사용되고 횡포하게 취급되도록 넘
겨진 존재가 아님을 파악하고 책임의식을 갖고 사회적으로 또 개
인적으로 이를 지켜 나가도록 노력해야 한다. 우리의 주변 환경
은 바로 우리 자신의 일부이며 삶이 영위되어지는 현장이다. 이
들에 대한 우리의 힘 때문에 우리는 더욱더 그것을 지켜 나가야
하는 책임을 안고 있다.[19]

우리는 우리가 자연의 일부이며 자연 없이는 살아갈 수 없음을
다시 한번 인지해야 하겠다. 연세대학교의 환경 연구소 소장인
정 영 교수는 다음과 같이 이 문제에 대해 언급하고 있다:

> 오늘날은 기술 문명의 시대이다. 우리는 이 기술 문명이 가져다
> 주는 이기들을 사용하지 않고는 이 시대를 살아갈 수가 없다. 그
> 러므로 윤리와 책임의식을 이 기술 문명 안에 더 강조해야겠다.
> 작은 물건을 사용하는 데 있어서도 남는 쓰레기로 인해 환경을
> 오염시킬 수 있다. 윤리와 책임의식이 기술 문명의 모든 영역 안
> 에 들어올 때에 비로소 사랑과 평화의 실현이 시작될 것이다.[20]

우리 인류가 그동안 축적해 온 경제적 · 기술적 힘들을 사용하는
데 있어서 그것이 우리 세대와 뒤따를 후세대들에게 해를 가져오
는 것이 아니라 복지를 증진시킨다는 보장이 없는 곳에서는 그
힘의 사용을 자제할 수 있어야 한다. 프란쯔는 이 문제에 대해
계속해서 얘기하기를:

---

19. Ulrich Denkhaus, "Christlicher Glaube und Mitweltverantwortung":
    K. Barner – G. Liedke 편 *Schöpfungsverantwortung konkret. Aus
    der Arbeit der kirchlichen Umweltbeauftragten* [Neukirchen-Vluyn
    1986] 15.
20. 정 영, 신문 논단: 기술의 진실과 허위, 〈가톨릭 신문〉 1989.1.22.

> 지금까지의 어떤 윤리도 우리가 처해 있는 이 새로운 상황에서 선과 악을 제대로 구분해 내어 올바른 삶의 방법을 찾아낼 수 있는 규정들을 제공하고 있지 못하고 있다. 그러므로 우리 시대에 맞는 규정들과 의무들을 규정지어 줄 것이 요청되고 있다. 새로운 윤리에는 책임감의 중요성이 부각되고 있으며 이 책임감은 어떤 직업에 종사함으로써 가지게 되는 그런 종류가 아니라 부모가 아이들에 대해 가지는 것과 같은 자연으로부터 주어지는 그런 종류의 것이어야 한다.[21]

미래에 우리에게 발생되는 것에 대한 책임은 우리에게 어떠한 조건도 허락하지 않게 되었다. 우리는 그 이전에는 없었던 새로운 현상의 지속적인 발생 속에 놓여 있어 이 책임 의식은 새로운 종류의 것으로서 가능한 대로 많은 사람과 함께 지고 가야 하는 전체적인 책임감이 되었다.

오늘날 존재하고 발생하는 이러한 위험들은 종종 직접적인 악의에 의해서가 아니라 기술 문명의 힘을 사용하는 데 있어서 그 부작용의 가능성을 경시하는 데서 발생하고 있다. 그러므로 우리는 이러한 숨어 있는 위험들에 대해서도 감지해 낼 수 있는 종합적인 정보를 파악할 양심적 의무를 갖게 되었다. 이것은 또한 우리로 하여금 수동적으로 기다리고만 있게 하지 않고 능동적으로 종합적인 정보 수집을 위해 나서기를 바라고, 더 나아가서는 현재 상태와 미래의 과제들을 극복하기 위해 자신을 교육시킬 것을 요구하고 있다. 능동적인 정보 수집과 자기 교육은 우리를 한차원 더 높은 단계로 성숙시켜 줄 것이다. 현 시대를 살고 있는 우리들은 지금까지보다 한차원 더 나은 단계의 종합적 의식을 가져

---

21. H. Franz, "Die gegenwärtige Situation als Auftrag": H. Franz – G. Fritsch – R. F. Kneucken 편 *Lebenskunde für die Zukunft*. 9.

야 하며 그것도 각 개인뿐만 아니라 사회 전체적으로 시행해야 한다. 프란쯔는 다음과 같이 설명하고 있다:

> 우리는 연령을 초월한 모든 세대의 사람들이 함께할 수 있도록 미래를 희망할 수 있는 삶의 방법을 개발해 내고 전수해야 한다. 미래를 위한 이 삶의 방법을 찾아내는 데는 현 상태가 일어나게 된 정신적인 원인들도 알아내야 한다. 이 정신적인 원인은 이미 몇 백년 전부터 시작되어 서서히 쌓여온 생각의 착오에 뿌리를 박고 있다.[22]

"나는 생각한다. 그러므로 내가 존재한다"(cogito ergo sum)란 유명한 말과 더불어 프랑스의 수학자이자 철학자인 데카르트는 인간 사고의 큰 변혁을 불러일으켰으며 인간의 이성을 그 무엇보다 앞세우는 주지주의를 중시했다. 그에게 있어서 신학은 이 세상의 차원을 넘어서는 것에 대한 언급들이고 이성만이 인간 사고 능력의 범위 안에서 유일하게 완전한 판단 기능이다.

16세기에 시작되어 점점 더 넓게 퍼진 이 정신적 사조는 무엇보다 먼저 이성의 이름으로 종교적 최고의 판단 기능으로부터 벗어나려고 애를 썼다. 이성, 인본주의 그리고 학문의 진보 등이 당시의 가장 큰 관심의 대상이었고 이들은 모든 한계를 넘어서서 구가하는 것이 오늘날의 상태에 이르고 있다.

철학이 신학으로부터 벗어난 이후로는 인간의 이해 능력이 유일한 중요한 존재가 되었으며 학문을 발전시킴으로써 찬란한 승리의 행진을 하여 왔다. 현실 세계에로 눈을 돌린 철학을 지주로 삼고 그 보호 아래 자연과학은 새로운 자유를 성취하여 크고 강

---

22. 위 10.

하게 되었다. 이러한 인간의 이해 능력과 학문 그리고 기술이 이루어 놓은, 한편으로만 일방적으로 진보된 현대 산업사회의 승리 앞에 영적인 삶은 약화되고 뒤로 물러나앉게 되었다.[23]

그러므로 인류와 지구가 처한 현 상태에 대하여 정신적이고 신학적인 측면에서 전체를 한눈으로 바라보면서 분석하고 고찰하여 문제들의 극복을 위해 새로운 의견들을 찾아보는 것이 중요한 의미를 가진 직업이 되겠다. 저자는 이 책에서 모두가 함께 참여하는 공동 작업과 자발적인 양보와 절제만으로 극복될 수 있는 복합적인 오늘날의 문제들을 극복하는 방법과 고무적인 용기를 얻어내기 위하여 우리 시대에 중요한 위치를 가진 여러 학자들과 교회 내의 의견들을 살펴보면서 종합을 시도해 보고자 한다.

먼저 광범위함을 다 감당하기가 어려우나 일부의 통계 자료와 자연과학적 자료들을 이용하여 우리가 처한 상황을 간접적으로나마 이해할 수 있도록 시도해 보겠다. 모든 문제들을 이 책에서 다 언급할 수는 없는 일이어서 자료와 통계가 한 부분에 그칠 수밖에 없다 해도 그것을 자료로 전체의 상태를 이해할 수 있을 것으로 생각한다. 그런 다음에 교회 안팎에서 이 문제들에 대해 다양하게 생각하고 염려해 온 여러 중요한 학자들의 의견을 인용하면서 살펴보겠다. 그리고 창세기의 창조와 "번성하라"는 말씀이 오늘날의 상황에서는 어떤 관점으로 받아들여져야 하는지, 하느님의 인간되심이 이 문제의 극복에 어떤 의미를 갖고 있는지 간략하게 살펴보고자 한다. 그 다음에 공의회 문헌과 이 문제에 대해 언급한 교황과 주교들의 발표를 고찰해 보겠다.

2부에서는 이곳 도입부에 이미 언급한 바 있는 로마노 과르디니와 그의 견해들을 살펴보고자 한다. 그는 19세기 말 이탈리아

---

23. G. Rauchwetter, *Fortschritt nach innen*. 23.

에서 태어나 독일에서 자라고 교육받았다. 그는 어릴 때부터 서로 다른 종류의 문화 속에서 살았으며 그렇기 때문에 상이한 문화들의 차이점에 대해서 생각을 많이 하게 되었다. 그는 신학자였지만 먼저 화학과 경제학을 짧게나마 공부한 경험이 있어 자연과학에 대해 어느 정도 이해하고 있었다. 사제로서 그는 〈성 보나벤뚜라의 구원론 연구〉(*Über die Erlösungs lehre des heiligen Bonaventura*)란 주제로 교의신학부에서 박사 논문과 교수 자격 논문을 썼으며, 〈전례의 정신으로부터〉(*Vom Geist der Liturgie*)란 책을 통하여 일약 세계적으로 유명하게 되었다. 철학 교수로 있으면서 그는 어느 한 부분에 머물지 않고 늘 새로운 주제들을 연구하였다. 특히 20세기 중반부터 기술 문명의 문제가 오늘날과 같이 커지기도 이전에 기술의 발전에 대해서 예언자적인 안목으로 비평하였다. 그와 동시대를 살았던 사람들이 기술 문명을 환호하면서 그것에 큰 희망을 두고 있던 때에 그는 어떤 부정적인 문제들이 발생될지를 미리 내다보고 있었다.

  그러므로 2부에서 현대 문제를 극복하기 위한 더 나은 생각들을 가지기 위해 과르디니와 그의 견해들을 살펴보는 것은 큰 의미가 있다고 할 수 있겠다. 먼저 그의 생애를 간단히 살펴본 다음 그의 세계관과 인간에 대한 이해를 비교적 자세히 고찰하겠다. 그의 현대 문화 비판을 좀더 잘 이해하는 데에 세계관과 인간에 대한 이해를 아는 것이 도움이 되겠기 때문이다. 그리고 그의 현대 문명 문제의 근본 원인을 해명하는 풍부한 비평들을 살펴보겠다. 그런 다음 그의 처방들을 소개하겠다. 이 처방들은 문제 해결을 위한 기술적인 방법을 제시하는 것이 아니라 진정한 삶을 살아가도록 인도해 주는 진실과 자신을 발견하도록 개개인을 안내하는 지침들이다.

2

현 상 황 분 석

2.1. 지구 이외 지역에서의 인류의 생존 가능성

2.1.1. 타 항성에서의 가능성 여부

 1969년 7월 21일 111m 높이와 3,100t의 무게와 1억 5천 5백만 마력의 힘을 가진 새턴 로켓에 힘입어 우주선 아폴로 11호가 달착륙에 성공했을 때 우주 정복을 원한 인류에게 커다란 기쁨과 앞으로의 새로운 많은 가능성들에 대한 희망을 열어 놓았었다. 인간의 가능성은 무한정인 것으로 보여지게 되었다. 사람들은 다른 혹성 위에나 또는 항성 위에 새로운 삶의 장을 꿈꾸게 되었다. 동화나 신화의 시대에서부터 꿈꾸어 오던 것이 눈앞에 가능 상태로 나타나게 되었던 것이다.[1]

 인류가 다른 혹성이나 항성 위에 삶의 가능성을 찾아내는 것이 과연 가능한 일일까? 만약에 지구 위에 사람이 더 이상 살아갈 환경이 못되거나 숫자가 넘칠 때 다른 혹성이나 항성에로 이주해서 평화적으로 살아가는 것이 과연 가능할까? 이 문제에 대해서 짧게나마 고찰해 보자.

 지구에서 가장 가까운 항성은 지구에서 약 4.3 광년 떨어져 있는 알파 첸타우리이다. 이 알파 첸타우리의 혹성 프록시마는 조

---

1. *Chronik des 20. Jahrhunderts* [Dortmund 1988] 1007.

금 더 가까워 약 4.2 광년의 거리에 있다. 8개의 항성만이 태양에서 10 광년 이내에 있으며 그외 대부분의 항성은 훨씬 더 먼 거리에 있다.[2]

아인슈타인에 의하면 빛의 속도가 물질이 움직일 수 있는 최대의 속도이다. 실제로는 무게가 없는 에너지인 빛만이 이 속력으로 우주 안에 움직이고 있다. 어떤 물체가 빛의 속도로 움직이게 되면 그것은 에너지로 변하게 된다. 그리고 어떤 물체를 빛의 속도에 달하도록 가속시키는 데는 무한한 힘이 필요하기 때문에 이것은 이론상으로는 가능해도 현실성은 없는 것이다.[3]

사람이 타고 있는 규모가 큰 우주선일 경우에 인체를 손상시키지 않기 위해서는 속도를 가속할 때 한계를 지켜 시간을 두고 서서히 해야 한다. 가속도가 높을수록 인체가 지탱해 낼 수 있는 시간은 그만큼 더 짧아진다. 그런데 우주를 항해하는 경우에는 우주선의 수명 안에 항해를 할 수 있기 위해서도 빛의 속도에 가까운 정도의 속력을 필요로 한다. 출발하여 속도를 높이는 데는 한계를 분명히 지켜야 하므로 충분한 속도에 도달하기까지는 매우 긴 시간이 걸리게 된다.[4] 요아킴 헤르만의 말을 인용해 보자면:

> 빛의 속도에 실제로 인간이 인공적으로 도달할 수는 없다. … 인간과 지구 그리고 지구 위에 존재하는 에너지 원도 한계성을 가지고 있다. 우리는 전능한 신도 아니고 무한한 에너지를 동원할 수도 없다. 지구에 비해 우주는 엄청나게 크므로 우리 자신의 가능성에 대해 겸손되이 생각할 필요가 있다.[5]

---

2. M. Beazley, *Der große Atlas des Weltalls* [Augsburg 1988] 122.
3. G. Todoroff, *Das Universum. Gott-Mensch-Materie* [Essen 1987] 24.
4. J. Herrmann, *Astronomie, die uns angeht* [Gütersloh] 304 이하.
5. 위 307 이하.

빛의 속도를 내기 위해서는 엄청난 양의 에너지가 필요하고 그 에너지를 싣고 갈 수 있기 위해서도 또 다른 엄청난 양의 에너지가 필요하므로 현실적으로 그 속력에 도달한다는 것은 불가능하게 된다.

우리의 은하계를 자유로이 다니는 것이나 다른 은하계들로 다니는 우주 여행은 앞으로도 공상과학 영화나 소설 속에서나 존재하게 될 것이다. 또한 빛의 속도에 가깝게 우주선이 달릴 경우 우주 안에 존재하는 여러 종류의 물질들과의 충돌들은 엄청난 것이어서 우주선이 이것을 감당할 수가 없다. 폭탄이나 탄환이 달리는 속도가 초속 1km인 것을 감안하면 초속 30만 km에 가까운 속력이 무엇을 의미하는지 짐작할 수 있겠다.

또한 긴 시간을 요하는 우주 여행에는 여러 종류의 의학적·심리적인 문제들이 따르게 된다. 예를 들자면 우주 여행 때에 받게 되는 햇빛의 뢴트겐-선과 감마-선 등을 장기적으로 우주 여행자가 받게 되는 데서 오는 문제 등이다. 또한 긴 기간 동안 땅으로부터 분리되어 좁은 우주선 안에서 미래에 대한 불확실성에서 오는 어려움 등은 강한 심리적 부담감을 갖게도 한다. 이 우주 여행은 좁은 공간 안에서 2세대, 3세대에까지 지속될 수도 있으며 그렇게 될 때 식량 문제와 그외 많은 문제들이 따르게 된다.[6] 그러므로 인류가 다른 항성 위에서, 예를 들어 가장 가까이 있는 알파 첸타우리 위에서도, 생존의 가능성을 찾는다는 것은 불가능하다.

그러면 우리의 태양계 내에서는 인간의 생존 가능성이 있겠는가? 지구 이외의 어느 혹성이나 위성 위에 가능성이 있는지 간단히 살펴 보자.

---

6. 위 311.

2.1.2. 태양계 내에서의 가능성 여부

우리 육안에는 잘 뜨이지 않는 수성은 태양에서 5천790만 km 떨어져 있으면서 공전하는 데에 88일, 자전하는 데에 59일이 걸리며 지름이 4,840km인 작은 혹성이다.[7] 위성과 공기를 가지고 있지 않으며 낮기온이 무려 420℃까지나 올라가고 밤기온은 영하 180℃까지 떨어져 도저히 사람이 살 수 있다고는 할 수 없는 혹성이다.[8]

샛별이라 불리는 금성은 지구에서 가장 가깝고 햇빛을 받으면 빛나는 두꺼운 구름에 덮여 아침이나 저녁에 해가 조금 보일 무렵에도 육안으로 확인할 수 있는 밝은 혹성이다. 금성은 태양으로부터 평균 1억 802만 km 떨어져 있고 지름이 12,400km이며 공전에 225일, 자전에 243일이 걸리는 혹성으로서 짙은 구름에 싸여 있어서 얼마 전까지만 해도 그 구름 밑에 생명체가 있을 수도 있다고 짐작이 되었다. 그러나 1978년에 구름 밑층까지 들어갔던 금성 탐험기 2호에 의해 생명체의 존재 가능성이 전혀 없음이 밝혀졌다. 구름은 수증기가 아니라 황산으로 이루어진 것이며 공기는 주로 이산화탄소이고 그 압력은 엄청나게도 90기압이나 된다.[9] 금성은 이 두꺼운 구름과 공기 때문에 수성보다도 표면 온도가 더 뜨거운 회색과 누런 빛깔의 끓는 사막이다.

화성은 지구로부터 두번째로 가까운 혹성으로서 태양으로부터 2억 2천790만 km 떨어져 있고 공전에 687일, 자전에 24시간 37분이 걸리며 지름이 6,800km이다. 화성은 붉게 밤하늘을 장식하고 있어서 예로부터 사람의 관심을 많이 받았다. 1976년 우

---

7. G. D. Roth, *Himmelsführer: Sterne und Planeten* [München 1978] 149.
8. J. Herrmann, *Astronomie, die uns angeht.* 74 이하.
9. 위 72.

주 탐험선 바이킹 1호가 화성 착륙에 성공하여 보내 준 정보들을 보는 순간 사람들은 실망을 금할 수 없었다. 그 모습은 사하라 사막보다도 더하기 때문이었다. 이로 인해 화성인에 대한 여러 종류의 상상들은 더 이상의 존재 가치와 흥미를 잃고 말았다.[10] 공기는 주로 이산화탄소로 이루어져 있으나 지구 위의 100분의 1 정도에 지나지 않으며, 낮 기온은 영하 5℃ 정도이나 밤 기온은 영하 100℃로 내려가는 생명체가 없는 죽은 혹성이다. 화성은 포보스와 데이모스란 두 개의 작은 위성을 갖고 있는데 이 위성들 위에도 생명체의 존재 가능성은 전혀 없다.

아홉 개의 혹성 중에 가장 큰 목성은 해마다 수개월 동안이나 밤하늘에 밝은 빛으로 떠 있다. 망원경으로 들여다보면 줄무늬가 분명하고 주위의 위성들도 잘 보이는 아름다운 혹성으로서 지름이 142,800km나 된다. 태양이 가진 혹성 수보다 더 많은 위성을 가져 스스로 독립된 태양계의 형태를 이루고 있고 태양처럼 주로 수소와 헬륨으로 구성된 물보다 가벼운 물질들로 이루어져 있다. 자전 시간은 아홉 개의 혹성 중 가장 빠른 9시간 50분 30초이다. 갈릴레이가 원시적인 망원경을 만들어 목성을 보았을 때 이오, 유럽, 가니메드 그리고 갈리스도 이 네 개의 큰 위성들을 확인할 수 있었다. 이들 위성은 크기가 지구의 달 크기 정도 되고 이오는 아직 활발한 화산 작용중에 있지만 이들 위성에 생명체의 존재 가능성은 확인되고 있지 않다. 과학자들은 앞으로도 계속 이들 위성들을 관찰할 것이다.[11]

목성과 비슷한 구성을 이루면서 아름다운 띠를 가진 토성은 지름이 120,800km이고 공전에 29년 167일, 자전에 중심부가 10시간 14분, 바깥 부분이 10시간 41분 정도 걸린다. 토성의 위

---

10. J. Weiner, *Planet Erde* 185.
11. 위 195.

성들 중에서 지름이 5,000km나 되어 가장 큰 티탄은 대기를 가지고 있지만 워낙 추워서 메탄 가스나 액화 또는 고체의 상태로 있다.[12]

1781년 3월 13일 헤르쉘(Herschel)에 의해 발견된 천왕성은 지름이 47,300km이고 한 번 자전하는 데 10시간 49분이 걸리는데 자전 축이 98도나 기울어 거의 옆으로 누워 있으며 다섯 개의 위성을 갖고 있다.

해왕성은 지름이 44,600km이며 자전하는 데 15시간 40분이 걸리고 주로 메탄 가스로 이루어진 대기권을 가진 수소가 주축이 되어 이루어진 혹성이다.

명왕성은 태양계의 가장 바깥쪽에 있는 혹성으로서 지름은 5,800km이고 한 번 공전에 248년이나 걸린다. 태양과의 평균 거리가 59억 1천만 km나 되어 매우 추운 표면 온도가 영하 230℃이다. 만약 명왕성에 서서 태양을 본다면 하늘 위에 자그마하게 빛나는 점처럼 보일 것이다.

이 아홉 개의 혹성 이외에도 우리의 태양계 내에는 여러 개의 혜성과 화성과 목성 사이의 작은 혹성들 그리고 많은 유성들이 있다. 그러나 이들 위 어떤 곳에서도 인간이 생존 가능성을 찾아낼 수는 전혀 없다. 이렇게 매우 간단히 살펴본 바로도 우리는 인류가 지구 이외의 어디에서도 생존의 가능성을 찾아낼 수 없다는 것을 확인하게 되었다.

그러면 인류가 생존을 시작하였고 유일한 삶의 장인 이 지구가 요즈음 어떤 상태에 놓여 있는지 몇 가지 예를 살펴보면서 전체의 상황을 간접적으로나마 알아보자.

---

12. J. Herrmann, *Astronomie, die uns angeht* 86.

2.2. 지구 내의 제반 문제들

우리의 시대를 말할 때는 일종의 자부심을 부여하면서 자연과학의 시대라고 하는 것을 볼 수 있다. 현대 자연과학의 연구 방법은 결과를 재현시킬 수 있는 조직적 실험에 있다. 스위스 바젤 대학의 물리화학 교수였던 막스 튀르카우프는 다음과 같이 말하고 있다:

> 갈릴레이 시대까지만 해도 인간의 정신에 의해 움직이는 인간의 손이 일을 만들어가는 도구였다. 그러나 갈릴레이 이후로는 모든 자연 사물은 수학의 언어로 표현할 수 있으므로 인간은 그것을 측량하거나 측량되도록 만들어야 하며 인간의 손은 무엇을 만드는 도구일 뿐만 아니라 인식 작용까지 하는 도구라고 주장하고 있다.[13]

불과 5백 년 전까지만 해도 우리에게는 생소하던 세계관이 오늘날에 와서는 아주 당연하게 받아들여지고 있다. 이것은 공간과 시간 개념뿐만 아니라 태양과 별들, 하늘과 땅, 파도와 바람, 원인과 작용, 에너지들 그리고 생명의 발생과 진화 과정 전반에 걸쳐서 해당된다. 알프레드 기르는 이렇게 얘기하고 있다:

> 자연과학이 우리 문화의 일부가 된 것은 사실상 의미있고 현명한 일이다. 자연과학은 세계를 이해하는 데 중요한 역할을 담당하고 있다. 자연과학은 우리에게 숨겨진 자연의 전체적 질서를 보여주고 있으며 우리들 자신에 대해서도, 즉 인간 정신은 이 질서를 아름답게 간단 명료하고 일반적인 것으로 파악해 낼 수 있는 능

---

13. M. Thürkauf, *Wissenschaft schützt vor Torheit nicht* [Zürich 1984] 123.

력이 있음을 말해 주고 있다. 이 이해 능력이 동시에 좋은 일뿐만 아니라 나쁜 일에도 창의력을 발휘할 수 있는 가능성은 강하게 커지고 있다.[14]

그러나 현대 자연과학에 있어서 "무엇을 만든다"는 것이 우선에 서 있다. 화학자와 물리학자는 "생각하는 자"이기보다는 "무엇을 만드는 자"이며 생물학자들이 생명체를 하나의 화학적·물리적 집합체의 작용으로 파악하는 것을 고집하면서부터는 그들 중의 많은 이들이 "무엇을 만드는 것"에로 연구 방향을 집중하고 있다. 만약 이들 중에 누군가가 생각을 잘못하게 되면 전혀 엉뚱한 결과를 유발시킬 수 있다. 예를 들면 원자 폭탄의 제조가 그것에 속한다.

자연과학자들이 인간을 이해하는 데 중요한 요소들과 인간에게 흥미를 주는 요소들에 대한 질문들에 모두 대답을 할 수 있는 것은 아니다. 이런 의미에서 사람들은 자연과학을 자주 과장되게 높이 평가해 왔다. 산업화를 진행시켜 오는 과정에서 기술 문명은 정신적인 세계를 경시하거나 아예 없는 것으로 여기게 되는 물질 위주의 세계관을 가지도록 본능적인 자극에 충동을 가해 왔으며 마침내 모든 것을 알 수 있고 만들 수 있는 것으로 여기도록 유도해 왔다. 이 무엇을 "만드는 것"이 우위에 있는 것으로 어떤 종류의 위협들이 그동안 발생하게 되었는지 살펴보자.

5대륙에서 지난 수십년 동안 일반 시민용과 군사용으로 수많은 물건들을 생산하고 소모하는 것이 현저한 속도로 증가되어 왔으

---

14. A. Gierer, "Physik, Leben, Buwußtsein. Über Tragweite und Grenzen naturwissenschaftlicher Erkenntnis": H. A. Müller 편 *Naturwissenschaft und Glaube. Namhafte Natur- und Geistwissenschaften auf der Suche nach einem neuen Verständnis von Menschen und Technik, Gott und Welt* [Bern – München – Wien 1988] 103.

며, 그 결과로 80년도에 들어와서 벌써 중요한 원자재들의 일부가 바닥이 날 지경에 이르고 있다. 1972년에 "로마 클럽의 보고서"에서는 이 원자재가 무한정으로 지구에 묻혀 있는 것이 아니라 제한되어 있어서 앞으로 몇 년 동안이나 공급될 수 있는지를 계산해 내고 있다. 워싱턴에서 1977년부터 1980년까지 지속된 세계의 현재 상태에 대한 가장 광범위한 연구였던 "2000년의 지구"는 단지 부정적인 미래 예측에 대해서만 확인한 것이 아니라 자연적인 대지를 마구 훼손함으로써 야기되는 기름진 경작지의 지속적인 감소와 숲의 감소, 상수원의 감소, 하천과 바닷물의 오염 그리고 생명체의 성장에 지장을 주는 지구 날씨의 지속적인 변화 등에 대해서도 미리 예언하고 있다.[15]

또한 석유, 석탄, 목재 등도 70년대 이후로 현저히 감소되고 있으며 2000년대 초반에 가서는 인류가 필요로 하는 양의 일부만 공급할 수 있게 된다. 원자력에 대해 가졌던 희망도 거기에 따르는 여러 가지 부작용 때문에 채워지기가 어렵게 되었다. 이 문제에 대해서는 곧 좀더 상세히 언급하겠다. 점점 증가되는 자연 환경에 대한 파괴는 여러 가지 요소로 얽혀 상호 보완 작용을 하면서 생명체를 성장시키고 균형을 유지해 내는 생태계를 어지럽히고 있다. 지구 적도 지방에 있는 원시림을 마구 벌목시키는 과정은 기후의 변화를 일으키면서 자연의 황폐화를 가져오고 이 지역에 사는 원주민들의 삶을 위협하고 있다. 점점 수가 증가되고 있는 인류는 점점 줄어만 가는 원자재로 그들의 삶을 지속시켜 내야 한다. 이 문제들에 대해 몇 가지 구체적인 통계와 예를 들어보면서 전체의 상황을 이해하는 데 도움을 가져 보자.

---

15. R. Jungk, "Ausblick auf die Zukunft": B. Harenberg 편 *Chronik der Menschheit* 1066.

2.2.1. 숲

 산성비에 의해 나무들이 죽어감으로써 따르는 다른 손해들도 막대한 양을 이루고 있다. 믿을 만한 통계에 의하면 서독에서 손실을 입는 나무들을 금액으로 계산하면 해마다 약 19억 마르크나 된다. 그리고 도르트문트의 환경 보호 연구소의 연구에 의하면 1980년에 공기가 나빠짐으로써 건물의 벽면들이 손상을 입는 것은 해마다 약 15억 마르크나 되며, 산사태 등으로 입는 피해도 연간 10억에서 20억 마르크에 이른다. 그외에 이것으로 인해 따르는 계산이 불가능한 보건상의 손실 또한 대단하다.[16]

2.2.2. 물

 북해 지역과 발틱해 지역의 연안과 물의 오염은 약 500마리 이상의 물범들이 떼죽음을 당하는 등 심각한 상태에 이르고 있다. 이 지역엔 수많은 크고 작은 배들이 지나다니는 항로가 밀집해 있어서 유독한 화학 물질을 실은 선박, 유조선 등의 왕래가 잦다. 또한 원자재를 화학 처리하는 공장들이 연안에 밀집해 있어 고체 또는 액체성의 산업 쓰레기들이 많이 나오며 많은 양의 공장 폐수들이 바다로 계속 흘러들어와서 오염도는 해마다 짙어지고 있다. 또한 고기를 마구 잡아들이는 어선들에 의한 피해도 적지 않으며 해마다 여름이면 수없이 몰려오는 관광객들과 수영객들에 의한 환경 오염도 무시할 수 없는 상태이다. 연안의 강들로부터 흘러들어오는 오염된 물들은 바닷물 속에 있는 생물체들의 생명을 침해하고 산소를 줄여가고 있다. 삼각주 지역과 해안 지역의 모래도 불순물로 오염되어 가고 있다.[17]

---

16. U. Hack, "Wege zu mehr Umweltschutz": K. Barner – G. Liedke 편 *Schöpfungsverantwortung konkret.* 109.

17. G. Kneten, *Das Wattenmeer – eine bedrohte Naturlandschaft* 92.

2.2.3. 동·식물들

토마스 러브조이(Thomas E. Lovejoy)는 〈2천년의 지구〉 보고서를 위해 동·식물 종류의 감소 현상을 조사했는데, 그에 의하면 2천년도까지 지구 위에 존재하는 동·식물 종류의 약 15~20%가 감소될 것으로 보인다. 이것은 약 50만 종에 이르며 비경작지의 감소에 의해서도 생기지만 자연 환경 오염에도 큰 원인이 있다. 이런 정도의 감소 현상은 지금까지 유래를 찾아볼 수 없는 일이다.[18] 경작과 인공 조림에 의해 나무와 풀들이 단일화되는 경향을 보이면서 이전에 우리 생활 주변에서 쉽게 볼 수 있던 많은 종류의 들꽃들과 잡초, 약초, 잡목, 여러 수종이 섞여 형성되었던 숲 등이 사라져가고 있다. 경작과 조림의 경영화는 짧은 안목에서는 같은 종을 대량으로 심어서 쉽게 경제성을 가질 수 있지만 긴 안목으로는 토질의 황폐화와 그 속에 사는 동·식물의 급격한 감소 현상을 일으키고 있다.

2.2.4. 인구 증가

20세기에 들어오면서부터 현저하게 드러나고 있는 인구 증가 현상은 우려를 자아내게 하면서 지속되고 있다. 1850년에 인류는 수십만 년 생존 기간 중에 처음으로 10억의 숫자에 도달했다. 20억이 되는 데 걸린 시간은 불과 75년으로서 1925년의 일이었다. 30억이 된 것은 35년 후인 1960년이고 1980년에 40억이 됨으로써 다시 10억이 증가하는 데 20년이 걸렸고 1990년에 인류는 50억에 도달해 있다. 이런 속도로 계속 증가된다면 학자들은 2033년에 120억이 될 것으로 보고 2066년에 240억, 2100년에 480억이 넘을 것으로 추정하고 있다. 그러나 지구가 생존을 유지

---

18. W. Hohlfeld, *Friedhöfe als Gärten des Lebens* 95.

시켜 낼 수 있는 인구 수는 130억으로 계산해 내고 있다.[19] 이렇게 증가 일로에 있는 인구 문제는 점점 고갈되어 가고 있는 자원문제, 제3세계의 절대 빈곤, 실업과 무주택, 범죄, 좁은 공간에 많은 사람들이 모여 사는 것에서 오는 정신질환의 증가 등 미래를 어둡게 전망하게 한다. 이 문제는 전세계적인 경향을 보이고 있는 대도시화로 더욱 가속화되고 있다. 1820년에 런던은 세계 최초로 100만을 넘어섰고 1900년에 11개의 도시가 인구를 100만 이상 가졌으며, 1950년에는 75개의 도시로 늘어났고 1975년에는 191개, 1985년에는 273개의 도시로 급속히 대도시 숫자가 증가하고 있다.[20]

의학의 발달은 인류에게 많은 이익을 가져왔다. 이전에는 치료가 불가능하던 많은 종류의 병들이 오늘날에는 쉽게 치료되고 있으며, 감당하기 어려운 큰 고통들도 의학의 도움으로 줄여나갈 수 있게 되었다. 예방의학은 병을 조기 발견하거나 미리 피할 수 있게 하고 있다. 사산과 유아 사망률도 현저히 줄어들었다. 그러나 이러한 도움을 주고 있는 의학의 발달은 한편으로 세계의 인구 증가에 큰 몫을 담당해 왔던 것이다.

의학의 발달만이 인구 폭증에 영향을 준 것이 아니라 문화적·종교적·역사적·기술 문명적·정치적·경제적·환경적·심리적 요소 등도 개인적·사회적·국가적 그리고 국제적으로 큰 역할을 해왔다. 한스 할터는 다음과 같이 말하고 있다:

> 인구 폭증은 실질적으로 영양 공급, 건강, 가난, 실업, 도시화, 빈부 격차, 환경 오염 등 부수적인 문제들을 심화시키고 있다.[21]

---

19. R. Jungk, "Ausblick auf die Zukunft" 1065.
20. 위 1065.
21. H. Halter, "Bevölkerungspolitik angesichts der Weltbevölkerungs-

2.2.5. 교통

현대사회에서 자동차는 많은 사람들에게 필수품이 되어버린 중요한 교통 수단이지만, 교통 사고와 자연 환경 오염 등의 문제를 야기시키고 있다. 유럽에서 최근에 숲속의 많은 나무들이 죽어가고 있는데 그 원인의 절반을 자동차 배기 가스로 보고 있다. 또한 교통 사고로 죽어가는 숫자도 상당하다. 서독에서 1960년에서 1980년 사이에 자동차 사고로 죽은 사람 숫자는 33만 명에 달한다. 이 중의 3분의 1이 보행자와 자전거를 타고 가던 사람이었다. 사망자 이외에 다친 사람의 숫자는 이 기간 동안 1천만 명에 달하고 있다. 이들을 치료하는 데 든 경비는 엄청난 액수에 이르고 있다.[22]

자동차 배기 가스로 인한 스모그 현상이 기관지계에 미치는 건강 부담 역시 대단하다. 또한 자동차가 주는 심적 부담감 역시 크다. 어린이와 노약자들은 길에 대해 겁을 내고 있으며 교통 질서 교육이 교통 사고를 줄이는 데 도움은 되지만 자동차에 대한 심적 부담감을 증가시키고 있고 이 부담감 역시 무시할 수 없는 요소이다.

자동차들로 인한 소음 역시 삶의 질을 저하시키고 있다. 이 자동차 소음은 베란다와 정원을 활용하는 것을 방해하고 있으며 수면 장애, 심리적 부담 능력 등을 약화시켜 작은 일에도 쉽게 화를 내게 하고 있다. 소음을 줄이기 위한 여러 가지 구조물들은 자연 경관과 시관을 해치고 있다. 유럽과 미국에서는 자동차 소

---

explosion": G. W. Hunold – W. Korff 편 *Die Welt für Morgen. Ethische Herausforderungen im Anspruch der Zukunft* [München 1986] 131.

22. H. Schmiedehausen, "Menschen und Wäldern zuliebe, oder: Rettet das Auto, wir brauchen es noch!": K. Barner – G. Liedke 편 *Schöpfungsverantwortung konkret* 45.

음 문제가 여러 종류의 다른 문제들을 야기시키고 있다. 자동차가 많이 다니는 지역, 즉 인구가 밀집된 지역에 사는 사람들은 소음을 피해 교외 지역으로 이주해 나가고 이들은 그들의 일자리, 시장 등과 멀리 떨어져 있기 때문에 자동차를 빈번히 타고 다니게 되고 그것은 도로와 환경에 또 다른 부담을 가져오게 된다. 도로들은 또한 많은 면적을 차지하며 폐차와 수명이 다된 바퀴들의 집산지는 자연 경관을 해치는 새로운 요소가 되었으며 드물지 않게 땅과 지하수를 오염시키고 있다. 눈이 쌓이고 얼어 있는 도로에도 자동차가 다니게 할 때 많은 양의 소금을 뿌리게 되며 이것은 도로 주변의 경작지에도 적지 않은 영향을 주고 있다.

2.2.6. 쓰레기

사람이 살고 있는 곳에는 쓰레기가 생기기 마련이다. 쓰레기는 매일을 살아가는 일상생활에서 물건들을 사용하고 소모하는 데서 생기지만 이 물건들을 생산하는 과정에서도 생긴다. 화학 제품과 공업 제품을 사용하기 이전에 나온 쓰레기들은 거름 등 모두 자연으로 환원이 가능했지만 오늘날 기계 문명의 혜택을 받으며 살아가는 과정에서 생긴 쓰레기들은 많은 양이 분해되지 않고 그대로 남게 된다. 국민 소득이 높아지는 것에 비례해서 포장 용기 등에 의해 쌓이게 되는 쓰레기 분량도 많아져만 가고 있다. 쓰레기들의 악성도 점점 더 짙어지면서 땅과 지하수 등을 많이 오염시키고 있다. 쓰레기를 처분하기 위해 도시 주변에 있는 공한지, 섬, 깊은 구덩이 등을 찾고 있지만 그 수효와 면적은 점점 줄어들고 있어 멀지 않은 장래를 어둡게 하고 있다.

쓰레기의 양이 불어나는 속도를 짐작해 보기 위해 유럽의 한 도시 빈을 예로 들어 보면 1950년도에 빈에서 나온 쓰레기는 51만 6천 m^3였는데 1960년에 81만 8천 m^3, 1970년에 231만 m^3,

1980년에 504만 m³로 불어났다. 그동안 도시 인구는 160여만에서 155만으로 오히려 감소 현상을 보였는데도 약 30년 만에 해마다 나오는 쓰레기 양이 10배로 불어난 것이다.[23] 쓰레기의 양을 줄이려는 노력을 지금부터라도 상당히 기울여야 멀지 않은 장래에 도시 주변 곳곳에 산적될 쓰레기의 악취로부터 고통을 적게 받게 될 것이다.

2.2.7. 땅

땅은 모든 동·식물이 생명을 키우고 유지해 나갈 수 있는 근원적인 것인데 간척과 개간 사업을 통해서 조금 넓힐 수 있다 하더라도 실질적으로는 증가될 수 없는 귀중한 자원이다. 땅은 수백만 년 시간이 흐르는 동안에 모든 동·식물들이 역동적인 삶의 균형을 유지해 나가도록 이루어진 잘 조직된 환경을 가지게 되었다. 이 균형은 민감하여 한 동·식물의 변동은 다른 동·식물들 전체에 영향을 주게 된다. 땅은 한정되어 있고 변화에 민감하기 때문에 쉽게 파괴될 수 있다.

인간이 땅을 의식적으로 사용하고 경작하기 시작한 것은 이동 생활에서 어느 한 곳에 정착하여 살기 시작하면서부터인데 19세기까지만 해도 자연 질서와 호흡을 같이하면서 그 균형 안에서 이용하고 있었다. 지난 세기 산업 혁명과 더불어 땅을 이용하는 것도 현저한 변화를 가지게 되었다. 농업은 점점 더 기계화되었고 경제적·사회적 발전은 집짓는 것에서부터 학교, 병원, 항만, 관공서, 시장, 휴식처 등을 만드는 데, 또한 도로와 산업 시설을 확충하는 데에 많은 땅을 사용하게 되었으며 이로 인해 경작지는 많이 줄어들었다. 예를 들자면 1km의 고속도로를 건설하는 데

---

23. W. Katzmann – H. Schrom 편 *Umweltreport Österreich* [Wien 1986] 59.

3.5에서 4 정보가 필요하며, 1km의 일반 국도를 건설하는 데 그것의 절반이 들게 된다.[24]

인공으로 더 넓힐 수 없는 땅을 지키고 기름진 상태를 유지시키기 위해서는 개개인이 그 중요성을 알고 사용에 있어서의 한계성을 받아들이는 것이 필요하며 학교 교육에서부터 이 문제의 중요성을 얘기해야겠다.

2.2.8. 화학

지금까지 약 300만 종의 화학 물질들이 실험실에서 합성되었고 해마다 25만 종이 새롭게 합성되고 있다. 이중에 약 4만 5천 종이 산업화되어 상품으로 대량 생산되었으며 그 종류 또한 계속 늘어나고 있다. 이 화학 제품의 양의 증가를 연도별로 살펴본다면, 1950년까지 전세계적으로 약 700만 톤이 생산되었고, 1970년까지는 6천 3백만 톤에 달했으며, 1985년도까지는 2억 5천만 톤이란 엄청난 양으로 불어났다.[25] 이 엄청난 양이 소모되는 과정에서 지구의 동·식물, 자연 환경에 끼치는 영향은 막대하다. 이 화학 제품들의 운반·분배·소모 과정에서 발생되는 물리적·화학적·생물학적인 반응들은 지금까지 유지해 오던 자연 환경의 균형을 현저히 파괴하고 있다. 이들 중 한 가지만 예로 들자면 연기와 가스 형태로 소모된 이들 화학 제품은 대기권을 타고 공중에서 이리저리 이동되어 비에 섞여 땅으로 내려온다. 이것을 일컬어 "산성비"라고 하는데, 공기 중에 떠다니는 먼지와 가스, 분배물들은 상당히 먼 곳까지도 이동되기 때문에 공업 지역과 관계 없는 조용한 주거지나 산과 들, 강 위에도 내려 땅과 물을 오염시키고 그 속에 사는 동·식물들에 부정적인 영향을 준다.

---

24. 위 137.
25. 위 149.

2.2.9. 군비 경쟁

전세계적으로 1960년에 약 1천억 달러가 군사비에 소요되었는데 1975년에는 3천 9십억 달러가 들었으며, 1983년에는 6천6백억 달러가 소비되었다.[26]

1960년도에 벌써 인류는 이 엄청난 양의 군비를 오랫동안 유지해 내지는 못할 것으로 생각해 왔으나 군비 경쟁은 지속적으로 심화되었고 동서의 화해 무드 속에서 오늘날에는 감소의 희망이 엿보이고 있으나 아직도 엄청난 금액이 군사비에 책정되고 있다. 각 나라가 다양한 종류의 무기들을 대량으로 소유하고 있다는 것이 서로를 두려워하게 할 뿐만 아니라 그 무기들이 점점 현대화되어 화력과 명중률이 높아져 가는 것도 전율을 일으키게 하는 요소이다. 예를 들어 최신 전투기는 적기가 시야에 들어오기도 전에 공격과 정확한 파괴가 가능하다.

강대국들만 가지고 있던 지구 전체를 몇 번이나 파괴할 수 있는 엄청난 양의 핵무기가 이제는 서서히 아시아와 남아메리카 그리고 북아프리카의 여러 중진국 내지 개발도상국의 손에까지 퍼지게 되면서 무모한 판단과 행동이나 착각과 정신착란에 의해 일어날 원자전의 가능성도 전보다 높아져 가고 있다.

2.2.10. 원자력

인류의 역사상 새로운 전환의 장을 마련한 원자력에 대한 인류의 태도는 그 힘의 사용에 있어서 무모한 때가 있었다. 외적으로는 1945년 히로시마에 원자 폭탄을 투하한 사건이 위험한 시기로 들어온 전환점이었다. 클라우스 뮐러는 다음과 같이 말하고 있다:

---

26. R. Jungk, "Ausblick auf die Zukunft" 1069.

문화적인 요소 없이는 생존을 유지하기 어려운 인류는 이제 이 문화적인 요소에 의해 자신의 생존을 위협받게 되었다. 20세기 후반에 살고 있는 우리는 지구로부터 모든 인류를 완전히 제거시킬 수 있는 위험 속에 있다.[27]

전운이 감돌고 있던 1938년 성탄 무렵 오토 한(Otto Hahn)과 프리쯔 스트라스만(Fritz Straßmann)이 중성자를 이용해서 우라늄의 핵 분열을 발견했다. 이 새로운 발견에 의해 원자력 시대가 열린 것이다. 알베르트 슈바이처 박사는 다음과 같이 말하고 있다:

> 모든 민족들의 정신적인 성숙만이 우리를 원자 폭탄 전쟁의 위험으로부터 구출해 낼 수 있다. 만약 우리가 원자 폭탄의 사용을 완전히 포기한다면 모든 종류의 전쟁을 없애는 길에 첫발을 내디딜 수 있는 것이 되기도 한다.[28]

미국 가톨릭 주교단은 원자탄 사용에 대해 다음과 같이 언급하고 있다:

> 여러 가지 특별한 조건하에 묶이되어 온 전통적인 무력 행사와 원자탄 사용과는 그 상태가 많이 다르다. 원자탄의 경우 군인과 일반 시민과의 구분 없이 많은 수효를 한꺼번에 살상시키게 되고 대기권의 이동에 따라 전쟁과 관계 없는 지역까지 원자 재가 옮겨져서 많은 사람을 죽게 하거나 병들게 한다. 이들을 치료하기 위해 많은 양의 의료품과 병원을 준비하는 일도 가능하지 않다. 그러므로 "사전 예방"이 우리를 유일하게 구출해 주는 것이다.[29]

---

27. A. M. K. Müller, "Die Gefährdungen von Umwelt und Frieden im Atomzeitalter": H. A. Müller 편 *Naturwissenschaft und Glaube* 270.
28. A. Schweitzer, *Friede oder Atomkrieg* [München 1981] 88 이하.

인류는 또한 원자력을 평화적인 목적에도 이용하려고 노력하였는데 원자력 발전소가 그 중에 대표적인 것이다. 금세기 60년도와 70년도에 미국과 소련을 비롯한 선진국과 중진국 그리고 심지어 일부 후진국에서도 원자력 발전소를 활발히 건설했었다. 그 당시 이 계통에 관계한 핵물리 학자, 경제 학자, 정책 결정자들은 원자력 발전소가 가장 경제적이고 자연 환경에 부담을 가장 적게 주는 것으로서 점점 고갈되어 가는 나무, 석탄, 석유, 가스 등의 자원을 대치하는 데도 이상적인 새로운 에너지원으로 환영을 했었다. 진보적인 정치가들은 원자력이 개발도상국들의 많은 경제적 문제와 환경 오염의 여러 문제들을 해결하는 데 큰 공헌을 할 것으로 외쳤었다. 사실 석탄과 석유에 비해 원자력은 자연 환경에 부담을 훨씬 적게 주는 것으로 처음엔 여겨졌었다. 이렇게 기대와 환대를 받았던 원자력에 의해 어떤 현상들이 오늘날 보여지고 있는지 간단히 살펴보기로 하자.

경수 원자력 발전소를 가동시키는 데 필요한 3% 농도의 우라늄 235를 만들기 위해서는 이보다 약 7,000배의 우라늄 원광을 모아 농축 작업을 해야 한다. 이 우라늄 원광의 부산물부터 원자로 폐기물에 이르기까지 원자력 발전소의 가동에서 나오는 부산물은 대단한 양이며, 정도의 차이는 있지만 예외 없이 방사선에 오염되어 있어 호흡이나 음식물 등을 통해 인체에 들어왔을 경우에 암을 유발시키고 유전 인자에 해로운 영향을 주게 된다.[30]

---

29. "Pastoralbrief der katholischen Bischofskonferenz der USA über Krieg und Frieden": *Hirtenworte zu Krieg und Frieden. Die Texte der katholischen Bischöfe der Bundesrepublik Deutschland, der Deutschen Demokratischen Republick, der Niederlande, Österreichs, der Schweiz, Ungarns und der Vereinigten Staaten von Amerika* [Köln 1983] 199 이하.
30. W. Härle, *Ausstieg aus der Kernenergie? Einstieg in die Verantwortung!* [Neukirchen-Vluyn 1986] 30 이하.

원자력 발전소가 정상적으로 가동되는 상태에서 오는 문제들 중에 가장 중심이 되는 것은 핵폐기물의 처리 문제이다. 원자로 안에서 핵분열이 지속되고 있는 동안 이용이 가능한 열만 방출되는 것이 아니라 방사선도 계속 나오고 있다. 이중 특히 문제가 되는 것은 다 쓰고 버리게 되는 우라늄 연료가 완전히 소모되어 힘이 없는 것이 아니라 다만 그 성능이 약화되어 원자로 안에서는 이용 가치가 없는 것으로서 버려진 이후에도 약 500년 이상 베타와 감마선을 지속적으로 방출하면서 많은 열과 자연 환경과 인체에 해로운 영향을 계속 주는 것이다.

그리고 이들 연료 중 플루토늄은 수천 년 수백만 년 지속해서 방사선을 내며 우라늄 236은 계산이 거의 불가능한 장기간 동안 해로운 방사선을 분출한다.[31]

자연과학은 아직도 인공적으로 농축시켜 발생되는 원자 물질들을 지구로부터 완전히 제거시킬 수 있는 방법을 발견해 내지 못하고 있으며 기술 공학은 이들 원자력 폐기 물질들을 수천 년 동안 문제 없이 저장시켜 낼 수 있는 용기들을 만들어 내지 못하고 있다. 지금까지 시도해 보았던 폐기물 처리 방법은 예외 없이 새로운 문제들을 야기시켰다. 이들 중 하나를 예로 들면, 콘크리트로 두텁게 싸서 깊은 바다에 버려 놓은 것도 시간이 경과됨에 따라 콘크리트 벽이 갈라지고 틈이 생겨 방사 물질이 바닷물을 서서히 오염시키고 있었다. 지금까지 처분한 원자력 폐기 물질이 앞으로 수천 년 동안 문제를 일으키지 않는다는 보장이 없으므로 우리 세대는 앞으로 살아갈 수십, 수백 세대에게 우리의 문명이 남긴 쓰레기의 위험으로부터 자신들을 지키고 보호해야 하는 부담을 유산으로 건네주고 있다.[32]

---

31. 위 32.
32. M. Thürkauf, *Wissenschaft schützt vor Torheit nicht* 20.

만약 2천5백 년 전에 바빌론 왕 느부갓네살이 원자력 발전소를 가졌더라면 오늘을 살고 있는 우리들이 그의 원자력 폐기물을 부담스러워하면서 지켜야 하는 셈이다. 기술 문명의 이러한 역사 내의 무책임함은 생각하기 어려운 일이다. 원자력 폐기물은 우리가 다른 사람들이나 동·식물, 집 또는 도로와 같이 감지해낼 수 있는 것이 아니다. 방사선을 감지할 수 있는 능력이 우리의 감각에는 없다. 그러므로 이 생명을 위협하는 위험을 감지할 수 있기 위해서는 고도의 기술과 기구가 항상 필요하다. 해를레는 다음과 같이 말하고 있다:

> 　원자력에 감염된 물질들을 폐기 처분하는 문제는 모든 인간적인 노력의 범위를 벗어나고 있다. 구약성서 출애굽기에 하느님은 선조의 죄는 자손 3~4대까지 갚겠고 축복은 수천 대에까지 내려 주시겠다고 하셨는데, 핵폐기물은 불과 1세대를 위해 유용했던 것이 수천 세대에게는 부담과 위협을 주게 된다.
> 　수천 세대가 연속되는 역사의 과정 중에 살고 있는 우리는 이제 인간의 삶도 한정되어 있고 그 범위 안에서 살아가야 한다는 사실을 인식하여 우리가 좀더 편리하고 나은 삶을 생각하고 계획하는 데 있어서도 한계가 있음을 받아들여야 하겠다. 그렇게 해야 다음 세대들도 부담을 적게 안고 그들의 삶을 구가해 나갈 수 있겠다.[33]

　이외에도 원자력 발전소가 가동되고 있는 도중에 발생되고 있는 크고 작은 사고들도 생각을 해야 한다. 이들 사고로 인해 직접적으로 다치거나 죽은 사람의 숫자가 많지 않다고 해도 새어나온

---

33. W. Härle, *Ausstieg aus der Kernenergie?* 33.

방사선 물질들로 서서히 받게 되는 피해는 계산이 불가능하지만 무시할 수 없는 것이다. 원자로의 화재나 폭발로 일어나게 되는 대형 사고의 가능성에 대해서는 원자력 발전소 건설을 긍정적으로 생각하고 추진했던 사람들에 의해 다른 문명적인 요소, 예를 들어 자동차로 발생되는 사고율과 사망 인원에 비하면 훨씬 사고율이 적고 안전하다고 주장되어 왔다.

독일의 "원자력 발전소 위험 연구소"에 의하면 원자력 발전소 하나에서 사고가 일어날 수 있는 확률은 1만 년에 한 번 정도라고 한다. 그러나 이것은 전세계적으로 있는 500개의 원자력 발전소들 중에서 20년에 한 번씩 대형 사고가 일어날 수 있음을 의미한다.[34]

하리스부르그와 체르노빌의 대형 사고들은 원자력 발전소에서 일어나는 사고가 전세계에 어떤 영향을 끼치는가를 보여주는 좋은 예라고 할 수 있겠다. 1986년 4월에 일어났던 체르노빌 원자로 폭발 사건으로 현장에 있었던 사람들이 많이 사상되었고 반경 수십 km 내에 살던 수십만의 사람들은 다른 도시로 이주를 해야만 했으며, 또한 2천 km 이상 떨어져 있는 북구 핀란드의 목장에 있던 수백 마리 순록을 도살해서 땅에 묻어야 했다. 헝가리, 오스트리아, 서독, 스위스 등에서도 농부들은 막대한 피해를 입었고 짧지 않은 기간 동안 초원이나 공원 등에서 어린이들이 놀 수 없었다. 그뿐만 아니라 몇 해가 지난 지금 체르노빌 주변에 사는 사람들과 가축들에게서 기형아, 기형 동물이 태어나는 등 사고가 주는 영향이 본격적으로 서서히 드러나고 있다.

체르노빌 원자로 폭발 사건은 전문가들이 지키며 일하고 있는 중인 평화시에 일어난 것이다. 그런데 테러범이나 간첩 등에 의

---

34. 위 35 이하.

한 사고나 전시에 폭격에 의해 발생될 수 있는 사고 등에 대해서도 생각을 해본다면 그것이 무엇을 의미하는지 짐작할 수 있을 것이다.

2.2.11. 오존

성층권에 있는 오존층은 지구 위의 생명체들을 위해서 대단히 중요하다. 이 오존층은 암과 그외 여러 가지 질병들을 유발시켜 인체에 해를 주는 자외선의 양을 조절하는 역할을 한다. 이 오존층이 Chlorfluormethan 가스의 남발로 많은 위협을 받고 있는 것은 이미 알려진 사실이다. 이 Chlorfluormethan 가스는 실험실에서 인간에 의해 합성된 가스로서 그 자체로는 인체에 무해하고 편리하기 때문에 각종 분사기의 분사 액화 가스로, 냉동기의 냉동액으로, 건축 재료 등 다양한 용도로 사용된다. 그런데 공기 중에 뿌려지고 흘러나오게 된 이 가스는 서서히 상승하여 오존과 결합을 하기 때문에 오존층을 약화시키고, 심지어 커다란 구멍을 만들어 태양으로부터 오는 많은 양의 자외선을 거르지 못하고 그대로 통과시켜 인체와 동·식물에 해를 입히며 기온대를 변화시켜 이상 기온 현상을 유발하고 있다. 이 가스가 합성된 이후 지금까지 약 1천 2백만 톤이나 생산되었고 대부분이 앞에서 언급한 용도에 이용되었다. 앞으로 물질 문명화가 지속되는 동안 냉장고와 그외 물건들을 더 많이 필요로 하게 될 것인데 그것이 어떤 영향을 오존층에 지속적으로 주게 될는지는 추측이 가능하다.

2.2.12. 광고

오늘날 산업사회에서는 다양한 종류의 물건이 대량으로 생산되므로 그 물건들의 존재를 소비자에게 알리고 판매하기 위해서 경비를 투자하는 것은 이해할 수 있는 일이다. 물건에 대해서 진실에 입각한 정보, 즉 사용 방법, 물건의 용도, 질, 수명 등을 알리는 것은 소비자에게도 유익한 일이다. 그러나 이 수준을 넘어선 과장된 광고나 광고 경쟁은 소비자들을 필요하지 않은 소비에로 유인하고 내적인 선택의 자유를 잃게 한다. 많은 광고들이 소비자들의 진정한 이익을 생각하기보다는 본 회사의 제품을 가능한 대로 많이 판매하는 데 급급하고 있다. 이러한 목적을 위해 소비자들의 소비성을 더욱 진작시켜 요즈음 유행하는 "과소비"란 말이 시대 상황에 어울리는 일이 실제로 벌어지고 있다. 지구 위의 제한된 자원과 공간, 쓰레기 문제 등을 장기적인 안목으로 생각한다면 "소비가 미덕이다"는 60년대 미국에서 유행하던 말이 얼마나 어리석은 생각이었던가를 쉽게 알 수 있다.

 이미 존재하는 한 회사가 유지되면서 많은 사람들이 일자리를 잃지 않고 잘 살아갈 수 있게 하기 위해서도 상품은 계속 만들어지고 있고 그것은 또한 소비되기를 기다리게 된다. 그러므로 회사에서 제품을 만들 때에도 그 제품이 오랫동안 지속되도록 튼튼히 만드는 데 신경을 쓰기보다는 소모에 신경을 더 쓰게 된다. 이러한 구조적인 문제는 간단히 해결될 수 있는 것은 아니나 사회 전반에 걸쳐 소비를 적게 하면 적은 경비로 삶을 꾸려나갈 수 있고 그것은 또한 적은 수입으로도 살아갈 수 있음을 의미한다. 그러므로 "소비의 사회"를 진작시켜 나갈 것이 아니라 "절약의 사회"를 만들어 가야 미래 세대를 위해서도 희망을 가질 수 있겠다. 한 물건을 대할 때 "내가 그것을 소모할 수 있을까?"를 묻기보다는 "나에게 그 물건이 꼭 필요한가?"를 물어봐야겠다. 이러한 이유에 의해서도 우리들은 독립적으로 생각할 수 있는 능력을 키워 나가야겠다. 상품을 생산하는 생산자도, 그것을 판매하기 위해 애쓰는 판매자도, 그 상품을 소비하는 소비자도 모두 회개, 즉 다시 한번 더 생각해 보는 기회를 자주 가져야겠다.

진실된 휴머니즘과 한 개인의 진정한 가치는 물질의 소모량에 의해 측량되어지는 것이 아니라 내적인 자유와 위엄, 자신을 조절할 수 있는 능력, 독립적인 사고와 책임감있는 행동 등에 있다. 그러므로 우리는 이러한 내적·정신적인 요소들에 더 많은 가치를 두고 어떠한 것에 의해서도 그것을 잃지 않도록 노력해 나가야겠다.

3

새로운 생각과 생활 방식을
위한 제언들

3.1. 여러 학자들의 의견과 저자의 해석

 적지 않은 자연과학자와 인문과학자들이 현대의 기술 문명 진보가 가져다 준 여러 가지 문제들을 극복하기 위해 이미 많은 노력을 기울여 왔다. 이들이 각각 제의하는 의견들이 다양하고 복잡해 보이지만 자세히 살펴보면 전체에 공통적으로 흐르는 기본 방향을 인지해 낼 수 있을 것이다. 지금부터 이들 학자들 중에 우리의 관심을 끄는 이들을 일부 선택하여 먼저 다양한 제의들을 살펴보고 의견을 모으는 종합을 시도하여 우리가 나아가야 할 방향과 현실화시킬 수 있는 가능성들을 찾아내도록 해 보자.
 베른하르트 스퇴클레는 현대 문제들의 원인은 인간의 시야가 폭이 좁고 단기간적인 것에 있다고 지적하고 있다:

> 기술 문명이 일으키고 있는 문제들은 이미 선진 산업국임을 자랑하는 나라의 사람들이 자신들의 복지만을 생각하는 경직되고도 근시적인 안목에 원인이 있다. 그들의 시야는 극도로 짧고 그들의 현실만을 생각하는 것에 흥미를 가지고 계획한다. 이들은 자신들이 과거란 역사를 가진 존재이며 미래와의 연관 속에 오늘을 살아가고 있음을 잊어버리고 있다. 다가오는 미래 세대들에게 해를 입힐 수 있는 요소들은 오늘을 사는 우리들이 포기할 수 있어야겠다. 현재의 우리들에게는 삶의 편리와 복지를 제공하는 생산

품들이 긴 시간이 흐르는 동안에 후세대의 복지와 안녕에 해를 끼친다면 그것을 생산하고 사용하는 것을 포기할 수 있어야 인류의 장래를 희망할 수 있겠다.[1]

원자 핵물리학, 유전 공학 등을 비롯한 자연과학의 각 부분에서 연구에 종사하고 있는 학자들이 일반적으로 그들의 연구가 인류의 장래에 어떤 영향을 끼치게 되는지를 심사숙고하여 해를 가져올 수 있는 분야들의 연구에 대하여 자중을 하기보다는 새로운 학설을 최초로 개발해 냈다는 명성을 얻기 위하여, 경제적인 이익을 추구하기 위하여 연구 가능한 부분은 어디에나 파고드는 경향을 볼 수 있다. 일정 기간마다 치르는 선거에 의해 선출되어 여러 가지 정책을 입안하는 정치가들도 유권자들의 환심을 사는 데 급급하여 장기적인 안목에서 지역 주민 모두에게나 국민 모두에게 유리한 정책을 세우기보다는 단기적인 효과를 가져와 인기를 상승시키는 데에 주로 혈안이 되어 있다. 그러므로 일반 소비자와 국민 하나하나가 전체를 파악하는 의식을 가져 가장 기본적인 일상생활에서부터 미래를 희망할 수 있는 방향으로 나아가야 하겠다.

오스트리아의 농업기술 개발협회 회장인 하인리히 볼마이어는 다음과 같은 의견을 제시하고 있다:

> 인류의 삶을 약화시키고 파괴해 나가는 태도를 거슬러 삶을 지켜 나가는 방향으로 나아가도록 계몽을 시켜야겠다. 일반적이고 사회적인 시장 경제 체계도 환경 전체를 좀더 의식하는 환경 사회적 시장 경제로 전환시켜 나가야겠다. 특히 일반 정치가들의 하

---

1. Bernhard Stöckle, "Christliche Verantwortung und Umweltfragen": P. Schäfer, *Herausforderung zur Umkehr* [Hildesheim 1984] 97 이하.

루살이 정책을 거슬러 긴 안목으로 계획, 실천해 나가도록 교회
가 충고하고 방향을 제시하는 것이 좋겠다.²

하느님께서 세상을 창조하시고 창조하신 것을 "보니 좋더라"고
말씀하신 것을 교회는 알고 있다. 하느님이 사랑으로 창조하신
이 지구 환경을 보존하고 지켜나가도록 인류를 교육시키는 것도
교회의 중요한 과제 중의 하나이다.

튀빙겐 대학의 윤리신학 교수였던 알퐁스 아우어는 다음과 같
이 이 문제에 대해 언급하고 있다:

> 기술 문명과 경제가 현대 세계에 있어서 포기될 수 없는 중요한
> 요소인 것은 사실이지만 그것 자체로 어떤 절대적 가치를 지니는
> 것은 아니고 인류에게 봉사하는 기능을 갖고 있다. 오직 인간만
> 이 자체 안에 침범될 수 없는 절대적인 가치를 지니고 있고 기술
> 문명과 경제는 인간의 존엄성과 생명을 증진시켜 주는 그 정도만
> 큼 가치가 있다. 오늘날 인류의 정신적·도덕적인 능력의 진보는
> 기술 문명과 경제의 진보보다 뒤쳐져 있다. 인류는 지금까지보다
> 더 인간적인 인간이 되어야 생존을 지속해 나갈 수 있다.³

미래에도 생존을 유지해 낼 수 있기 위해서는 우리가 지금까지보
다 더 인간적인 인간이 되어야 한다는 아우어의 의견을 받아들인
다면 그 다음 문제는 그러면 어떻게 하는 것이 좀더 인간적인 인
간이 되느냐 하는 것이겠다. 이것은 결국 그리스도교가 2천 년

---

2. Heinrich Wohlmeyer, "Die Verantwortung von Gesellschaft und Wirtschaft für die Umwelt": P. Schäfer, *Herausforderung zur Umkehr* [Hildesheim 1984] 146.

3. Alfons Auer, "Verantwortete Zeitgenossenschaft": G. W. Hunold – W. Korff 편 *Die Welt für Morgen* [München 1986] 430 이하.

동안 지속해서 언급해 온 "사랑하는 것"이다. 주변의 동·식물 세계와 이웃 사람들과 미래 세대들의 건강과 행복을 위해서 노력하고 그들을 사랑하는 바로 그것이다. 이것은 또한 기술 문명이 몰고 온 모든 문제들에 대해서도 비판적인 안목으로 살펴볼 것을 요청한다. 도덕적인 능력이 기술 문명과 경제력보다 뒤처져 있는 현 상황에서 우리에게 좀더 깨어 있을 것과 정확한 정보를 수집하여 살펴볼 것이 요구된다.

도덕적 능력의 배양이란 우리의 정신을 현혹하는 소비 제품들로부터 일정한 거리를 유지하는 것과 자연 환경의 보존과 가꿈에, 이웃 사람들에 관심을 쏟으며 비판력을 약화시키는 외형적인 것으로부터 마음을 돌려 자신의 양심에 조용히 귀를 기울이는 것을 의미한다. 이러한 노력을 기울일 때 우리는 앞서 가고 있는 기술 문명과 경제를 잘 조절해 낼 수 있는 능력을 가질 수 있을 것이다. 기술 문명과 경제적 발전은 계속 있어야 하지만 그 발전이 인류에게 불안과 공포를 진작시키는 것이 아니라 미래 세계에 대해 좀더 희망하고 신뢰할 수 있도록 해야 한다.

독일 본 대학에서 기초신학, 종교철학 및 신학과 자연과학의 관계에 대해 오랫동안 강의를 해온 하이모 돌히 교수는 인간이 하느님이 주신 재료를 마음내키는 대로 조작할 수 있는 자유로운 예술가가 아니라 일정한 질서와 책임 의식과 함께하는 협조자임을 말하고 있다:

> 피조물의 세계는 여전히 피조물로 남아 있다. 그러나 이 피조물은 천지창조 때 하느님이 만드신 상태 그대로 머물러 있는 것은 아니다. 하느님과 함께 하느님으로부터 능력을 부여받고 요청받은 인간이 이 세상에 한정된 범위 내에서나마 함께 작업하고 있고 그것을 오늘날의 우리는 이전 세대보다 훨씬 더 현저히 느끼

고 있다. 그런데 인간은 하느님이 주신 재료를 마음내키는 대로 조작할 수 있는 자유로운 예술가가 아니라 일정한 질서와 책임 의식 속에 동참하는 협조자이다.[4]

지난 수십 년 동안 인간에 의해 침해되고 파괴된 부분은 우리가 이미 보고 느끼는 대로 대단히 많다. 이러한 와중에도 그나마 생존을 유지하고 있는 육지와 해양의 동·식물들과 천연 자원들을 보존하고 가꾸어 나가는 데 사랑과 정성을 기울여야 하겠다. 인간도 자연의 일부이고 자연의 질서 안에서 생존을 유지시켜 낼 수 있으므로 자연이 인간에 의해 파괴되고 병들게 되면 병든 자연이 인간을 파괴하고 병들게 할 것이다. 인간이 모든 것을 무한히 인위적으로 할 수 있는 것은 아니며 자연에게 가해진 죄는 다시 인간에게 고통으로 와 닿는다는 사실을 깨달아 자연에 대한 태도를 올바로 정립해 나가야 하겠다. 인간이 하느님의 협조자임을 깨달아 그것에 맞는 행동을 해나가려고 노력을 지속할 경우에 항상 사랑과 지혜로 작용하고 계시는 하느님의 은근한 작용이 병든 부분들을 치유해 주실 것이다. 우리가 강하게 원하기만 하면 아직도 많은 부분을 구제하고 키워나갈 수 있다. 과르디니가 말하는 대로 하느님은 늘 새롭게 시작할 수 있는 기회를 주신다.

바젤 대학의 물리화학과 교수였던 막스 튀르카우프는 몰락의 위기를 가져온 핵폭탄 시대는 인간의 교만이 낳은 결과라고 보고 있다:

> 기술 문명의 문제들은 외부의 문제가 아니라 인간 내면의 문제이다. 그러므로 기술 문명의 문제를 단순히 기술 문명만으로 해결할 수 있는 것은 아니다. 우리는 이제 교육의 장인 대학들을 기

---

4. Heimo Dolch, *Grenzgänge zwischen Naturwissenschaft und Theologie* [Paderborn 1986] 223 이하.

술을 익히는 장으로 둘 것이 아니라 참된 인간 교육의 장이 되도록 해야겠다. 오늘날 대학에서 학생들은 사물의 물리적 성질과 화학적 반응에 대해서는 자세히 배우지만 물리학, 화학 그 자체에 대해서는 고찰하지 않는다. 사물의 물리적·화학적 성질에 대해 진정으로 깊이 알게 되면 뒤에 숨어 계신 하느님까지도 발견하게 된다. 대학들의 근본 문제는 무신론에 있다.[5]

계속해서 그는 다음과 같이 말하고 있다:

오늘날 우리는 지금까지 어느 시대보다도 따뜻한 마음을 가진 지혜를 필요로 하고 있다. 겸손을 향한 용기가 부족할 때 방종이란 진실을 거스르는 위험한 요소가 우리를 지배할 수 있다.[6]

그는 아씨시의 성 프란치스꼬를 현대 기술 문명의 문제들을 극복해 나가는 데 필요한 인도자라고 말하고 있다:

성 프란치스꼬는 적게 가지고도 큰 사람으로 존재했었다. 그는 학문을 배척하지는 않았지만 학문이 존재를 소유로 이끌 위험성이 있음을 경고한 바 있다. … 핵폭탄의 위협은 인류가 하느님을 믿기보다는 학문과 물질을 더 믿은 교만에서 비롯된 것이다.[7]
풍부한 기술 문명의 빈약함은 가난한 성 프란치스꼬의 풍부함으로 극복될 수 있다. 그리스도교의 풍성함, 즉 주는 자에게 주어진다는 것으로 극복될 수 있다.[8]

---

5. Max Thürkauf, *Wissenschaft schtüzt vor Torheit nicht* [Zürich 1986] 20f.
6. 위 106.
7. 위 108.

이 새로운 삶의 길을 위해 그는 사랑을 강조하고 있다:

> 사랑이 하느님과 피조물과를 연결시켜 주는 끊어질 수 없는 끈이다. 사랑은 바로 하느님 가까이 있는 것이다. 사랑은 피조물의 모든 형태 속에 드러날 수 있다. 왜냐하면 피조물이 바로 하느님 사랑의 작품이기 때문에.[9]

각 대학들에서 기술과 학문의 정체에 대해서 가르치기보다는 산업화의 역군을 길러낸다는 방침 아래 기술에 대해서만 전달식으로 주입하고 있다. 이것을 개선해 나가고 올바른 방향으로 나아가게 이끄는 것은 각 대학에서 가르치는 교수들과 대학의 설립과 운영에 관여하는 정치인들, 관료들이 해나가야 할 일일 것이다. 또한 대학 교육이 여러 가지 가설들 위에 서 있는 무신론적 세계관에 입각해서 실시되고 있다면 올바른 세계관, 즉 하느님의 현존을 바탕에 둔 유신론적 세계관에서 교육되도록 애쓰는 것 또한 교회의 일이다. 젊은이들에게 하느님과 함께함의 기쁨과 모든 사물들이 하느님의 긴 시간을 둔 창조 사업에서 유래함을 알고 아끼고 사랑하는 것을 알도록 해야겠다. 물질적인 풍부함만으로 인간이 결코 행복해질 수 없다는 것을 우리는 구미 선진국들의 내부 현상에서 읽을 수 있다. 이들 잘 사는 나라의 많은 사람들에게 내면의 세계, 내면의 기쁨이 약해져 있다.

프란치스꼬 성인이 살아갔던 바로 그 물질적 겸손함 속에 발견했던 청정하고 단순한 내면의 기쁨과 평화가 현대인을 새로운 생

---

8. M. Thürkauf, *Franziskus im Atomzeitalter. Die alte Liebe rettet die neue Welt* [Stein an Rhein 1985] 10.
9. M. Thürkauf, *Christuswärts. Glaubenshilfe gegen den naturwissenschaftlichen Atheismus* [Stein am Rhein 1987] 16 이하.

각에로 유도하는 길잡이가 될 수 있을 것이다. 사랑은 사람의 내면을 풍성하게 하기 때문에 사랑을 마음 속에 지니고 사는 사람들은 굳이 물질적인 풍요와 낭비를 애써 추구하지 않을 것이다. 그리고 그는 모든 존재하는 사물이 하느님의 작품인 것을 깨달아 경외심을 갖고 대할 것이다.

비엔나 대학의 통계학 교수인 게하르트 브룩크만은 인류가 미래에 걸어갈 수 있는 세 가지 가능한 길에 대해 생각했다. 쉬운 길, 무책임한 강한 길, 중용의 길:

> 현대의 모든 문제들을 해결하기 위해서 인류가 옛날 사람들이나 중세 시대의 사람들이 살았던 방법으로 되돌아가 살아가는 것도 생각해 볼 수 있겠다. 그렇게 살아갈 수 있다면 공기를 오염시키고 온실 효과를 가져오는 석유와 석탄 연료를 사용하지 않아도 될 것이며 그것을 운반하기 위한 거대한 배를 만들지 않아도 될 것이다. 그러나 이렇게 역사를 거슬러 올라가서 살아가는 것이 인류에게 쉽지는 않을 것이다. 그렇게 되면 여러 가지 긍정적인 혜택들, 예를 들어 외과 수술 같은 것도 포기해야 할 것이다.
>
> 이에 반해 지금까지 걸어왔고 아직도 가고 있는 무책임한 강한 길을 계속 갈 수도 있다. 실업자들은 더 높은 경제 성장, 즉 더 많은 생산과 소비로 구제되어야 할 것이며 환경 오염의 문제는 신경쓸 여유도 없는 것으로서 시간이 되면 생각도 떠오를 것이다. 이 강한 길은 새롭게 생각하고 노력해야 할 필요가 없다는 면에서 편리해 보이지만 여러 가지 이유로 안목이 짧다는 것이 증명된다. 지나간 역사 안에서 많은 문화 사회의 몰락들이 그 원인을 자체 내부에 함유하고 있었다. 그리고 이 강한 길은 "모든 종류의 많은 것은 자동적으로 더 좋은 것"이라는 잘못된 생각에 바탕을 두고 있다.

"모든 영역에는 한계가 있으며 그 한계를 넘어서는 사용은 부정적인 결과를 가져오는 것이 틀림없다"는 사실은 우리로 하여금 세번째의 길, 즉 중용의 길을 생각하게 한다. 이 길은 앞에서 얘기하는 두 가지의 길 사이에 있는 것으로서 진보된 문명 사회를 받아들이면서도 자연 질서의 유지와 자원 보호를 위해서 노력한다. 간단한 예를 들어 탁상용 계산기의 진보를 고찰해 보면 이 길이 가능한 길이란 것을 우리는 알 수 있다. 한 세대 전만 하더라도 탁상용 계산기는 타자기만큼 컸으며 전력 소모도 많았던 것에 비해 계산 속도와 능력은 저조했었다. 그런데 오늘날의 계산기는 무척 작고 전력 소모도 비교가 안될 정도로 적으면서 계산의 능력과 속도는 훨씬 나아지고 빨라졌다. 이 세번째의 길을 우리는 여러 영역에서 생각해 볼 수 있겠다. 단순히 물질의 소모 가능성만 증가시키기보다는 확실한 미래의 삶을 보장할 수 있는 방향으로 노력해 나아가야겠다.[10]

첫번째의 길, 즉 부드러운 길로 돌아가는 것이 우리에게 현실적으로 가능하지 않은 것은 자명한 것이다. 우리는 태어날 때부터 문화적 요소를 필요로 하는 존재이며 그것 없이는 생존이 가능하지 않다. 현대의 문명으로부터의 단순한 도피가 장기적으로 허락되지 않음을 우리는 서구 자연주의자들의 시도와 그들의 실패를 통해서 볼 수 있다.

또한 무책임한 강한 길, 즉 우리가 최근에 걸어온 길을 계속 변화 없이 그대로 갈 수 없다는 것도 공해 문제 등 여러 가지 앞 장의 간단한 고찰로도 알 수 있다.

---

10. G. Bruckmann, "Welche Wege in die Zukunft haben wir?": H. Franz – G. Fritsch – R. F. Kneucker 편 *Lebenskunde für die Zukunft* [Wien 1985] 15f.

3. 제언들 75

한정된 자원을 적게 소모하면서도 문화적인 삶을 지속해 나갈 수 있는 길은 세번째의 길, 즉 중용의 길이다. 이 길을 가는 구체적인 방법은 우리 개개인이 자신의 직업과 삶의 장에 따라서 찾아내야 할 과제이겠다. 선택을 해야 하는 구체적인 상황마다에서 문화를 필요로 하는 존재로서 극단적으로 과장된 행동을 피하고 자신에게 편리하면서도 인류 전체의 현재와 미래의 삶에 부담을 주지 않는 것을 선택해 나아가는 것은 우리의 정신을 항상 깨어 있게 하고 삶을 훌륭하게 운영해 나아가도록 하는 예술적 작업이라 할 수 있겠다.

환경 보존을 위한 오스트리아 전문가들 모임의 사무처장 아르투르 스피글러는 과학 문명이 가져온 위기를 극복할 수 있는 것에도 과학 기술의 도움이 있어야 함을 언급하고 있다:

> 현대 문제를 야기했던 과학 문명 안에서 우리는 놀랍게도 새로운 길을 알려주는 방법을 찾아낼 수 있다. 학문과 기술의 공동 작업으로 환경 문제를 해결하기 위해 체계적인 분석과 종합 연구를 추진할 수 있겠다.[11]

각종 연구소와 산업들이 지금까지는 자신의 생존을 위해 치열한 경쟁을 벌이며 달려왔고 그 부산물로 예기치 못한 문제들이 발생했으나 이를 극복하고 상호공존을 위해 함께 협력하고 공동작업을 해야겠다. 인문과학과 철학이 존재 사물과 사회 구조들을 좀 더 넓게 보고 분석하는 기능을 가지고 있으나 구체적 해결을 위한 시도는 과학기술과 자연과학의 협조 없이는 가능하지 않다.

---

11. Arthur Spiegler, "Versagt die Naturwissenschaft in der Umweltkrise? Ein Essay über den Beitrag der Naturwissenschaft zur Umweltkrise": D. M. Bauer, G. Virt 편 *Für ein Lebensrecht der Schöpfung* [Salzburg 1987] 164.

미래학자 로베르트 정크 교수는 인류가 회개하여 새로운 생각과 삶의 방식을 찾아 살아가야 한다고 말하고 있다:

> 인류가 회개로 자신의 내면을 새롭게 하여 미래의 생존을 보장하는 길에로 나아갈 것이 요청되고 있다.[12]

최근에 동유럽에서 일어난 일들을 보면서 우리는 일반 소시민들의 정치, 경제, 문화, 사회 의식이 일반적으로 생각되고 있는 것보다는 높으며 그들 다수가 원할 때에 실제적인 일이 진행된다는 것을 알게 되었다. 그들을 억압하던 지배층도 억압받는 층에 어느 정도의 삶의 질과 미래에 대한 희망이 보장되어야 지배도 가능하다는 것을 알게 되었다. 억압으로부터의 해방과 좀더 나은 삶을 향한 열정은 인간 안에 있는 정신적 기본 본능으로서 그 힘은 현대 기술 문명이 가져다 주는 어두운 전망에도 강하게 반응을 할 것이다. 아래로부터 다수의 회개가 지배층과 소수 가진 자들의 회개까지 유도해 낼 것이다.

게르하르트 라우흐베터는 좀더 강한 깨어 있는 의식 속에서 새로운 길을 보고 있다:

> 산업사회의 엄청난 외적인 진보에 의해 발생된 인간의 정신 세계와 물질 세계의 불균형은 더 이상 유지되어 나갈 수 없는 압력으로 인류에게 와 닿고 있으며 극복되어지기를 강하게 요청하고 있다. 이것은 외적인 진보를 포기하지 않으면서도 내적인 진보를 강화시켜 조화를 이루어 나가야 할 일이다. 물질 세계에 대해 비물질적 세계를 더 귀중하게 생각하려는 노력은 이미 예로부터 있

---

12. Robert Junk, "Ausblick auf die Zukunft": B. Harenberg 편 *Chronik der Menschheit* 1073.

어 온 것으로서 지성과 감정의 긴장을 현명하고도 건강하게 유지하도록 내적인 진보와 외적인 진보를 조절해 나가야겠다.[13]

내적인 성장을 위한 길에 대해서는 로마노 과르디니가 금세기의 큰 스승이다. 제2부에서 현대 문명이 걸어온 발자취에 대한 고찰과 비판, 새로운 정신적인 자세와 길 제시를 비교적 자세히 살펴 보도록 하자.

마르부르그 대학의 조직신학 교수인 빌프리드 해를레는 자발적인 절제와 회개가 현대 문제 극복을 위한 중요한 요소인 것으로 추천하고 있다:

> 우리가 책임성 있는 행동을 원한다면 이 세상에서의 인간의 삶이 실제로 제한되어 있고 한계가 있음을 아는 것이 바로 우리가 무엇을 할 수 있고 할 수 없는지의 경계를 말해 준다. 이것은 이미 우리가 할 수 있는 모든 것을 다 할 수 없다는 사실을 알려 주며 인식과 책임감에 의한 자제를 우리의 내면에 알려 준다.
> 이 자제는 회개의 성격을 가지고 있다. 이러한 회개를 우리가 엄청난 재해를 통해서가 아니라 미래에 대한 인식과 책임감에 의해 자발적으로 하는 것이 윤리적으로 현저한 성숙의 표지이다.[14]

체르노빌 원자력 발전소 사고는 우리를 기술 문명 발전에 맹목적으로 걸었던 기대로부터 깨어나게 하는 역할을 했다. 착각과 뜻밖의 사고 등으로부터 보호된 완벽한 기술이 개발되기 어렵다는

---

13. Gerhard Rauchwetter, *Fortschritt nach innen. Von der Konsum- zur Kulturgesellschaft* [Olten 1986] 9 이하.
14. Wilfried Härle, *Ausstieg aus der Kernenergie? Einstieg in die Verantwortung!* [Neukirchen – Vluyn 1986] 19 이하.

사실은 우리로 하여금 이러한 분별 없는 기술 문명으로부터 피조물을 보존하는 방향으로 사고하도록 유도하고 있다.

스투트가르트의 국립 박물관 직원인 게르드 폰 발레르트는 시작하기 쉬운 작은 길을 언급하고 있다:

> 환경을 보호하는 일을 위해 우리는 주변의 작은 것에서부터 시작해야 한다. 예수의 가르침에 의하면 우리는 가장 보잘것없는 형제들을 정의롭게 대해야 하느님 앞에 정의로울 수 있다. 여기에는 인내와 사랑이 함께 따라야 한다.[15]

그러므로 우리는 인내와 사랑을 가지고 작은 일에서부터 사람들에게 환경 문제에 대해 눈을 뜨도록 유도해야겠다. 이미 많은 젊은이들이 이 문제에 예민하게 반응하고 있으므로 이 일이 어려운 것은 아니다. 이미 많은 사람들이 이 문제에 눈을 뜨고 있고 그 수가 더 증가되어 절대다수가 된다면 각자의 작은 노력들도 큰 힘으로 역할을 하게 될 것이다.

하이델베르그 대학의 조직신학 교수인 귄터 알터너는 우리가 커다란 전환기에 서 있음을 강조하고 있다:

> 위기가 우리에게 많은 고통을 주는 것은 사실이지만 그것은 또한 새로운 시작을 가능하게 한다. 현대 세계의 문제에 있어서 중요한 것은 이대로 지속되어서는 안된다는 것이다. 나라간의 협조를 위해 국제 정치가 이 문제에 좀더 민감한 반응을 보이고 새로운 윤리관을 개발해 내어 자연 환경을 보호하는 기술 개발, 경제 운영, 새로운 삶의 방법으로 나아가야겠다. 우리가 하나의 커다란

---

15. Gerd von Wahlert, *Verantwortung für die Schöpfung* [Stuttgart 1987] 63.

전환기에 서 있음은 부정할 수 없는 사실이다.¹⁶

몸에 익은 관습을 그만두고 새로운 길로 나아가는 것이 쉬운 일은 아니다. 많은 것들이 시간 속에서 우리에게 이미 자연스럽고 습관화되어 버렸다. 이것을 바꾸는 데는 많은 노력이 요구된다. 그런데 현대인의 역동성은 여기에 큰 도움이 될 수 있다. 그러나 이 문제에 있어서 변화는 급작스럽게 일어날 수 없고 용기 있는 사람들의 시작으로부터 서서히 불확실성 속에서 머뭇거리고 있는 사람들에게로 퍼져 나갈 것이다. 상호 용기를 북돋우며 협조하는 태도, 이웃에게로 마음을 쏟는 것, 즉 그리스도교적 삶의 태도는 현대의 위기를 극복하는 데 큰 의미를 가질 수 있다.

독일 바덴 지역 개신교 환경 보호 위원장인 게하르트 리드케 목사는 지금까지의 윤리가 현대 문명의 문제들 앞에서는 이미 구태의연하고 낡았다고 한다:

> 우리는 새로운 윤리관이 필요하다. 왜냐하면 지금까지의 윤리가 현대 문명의 문제들을 해결해 낼 능력이 없기 때문이다. 기존 윤리는 현대 문명이 몰고 온 여러 가지 문제들 앞에 이미 낡아 버려서 증가 추세에 있는 이들을 막아내지 못하고 있다.¹⁷

리드케가 말하는 새로운 윤리관은 환경 문제에 대해 모든 사람들이 일반적으로 깊이 인식하게 될 때 자리를 잡게 될 것이다. 우

---

16. Günter Altner, "Mitgefühl mit allem Geschaffenen. Ein neues Verhältnis zu Erde und Schöpfung": H. A. Gornik 편 *Damit die Erde wieder Gott gehört* [Offenbach 1986] 53 이하.
17. Gerhard Liedke, "Wir brauchen eine neue Ethik. Die Gemeinsamkeit alles Geschaffenen": H. A. Gornik 편 *Damit die Erde wieder Gott gehört* 73 이하.

리는 지금까지 우리의 임의대로 마구 이용해 온 자연이 사실은 하느님의 창조물이란 사실과 우리가 그것을 파괴할 수도 보호할 수도 있는 능력을 가지고 있다는 사실로도 이것을 보호하고 가꿀 의무를 가지고 있다.

클라우스 헴믈레 주교는 우리에게 그리스도인으로서 종말론적 자유를 살아가도록 얘기하고 있다:

> 이 세상의 삶만이 모든 것이 아니란 것을 믿으면서 더 나은 새로운 삶을 기다리는 사람들은 이 세상에서 누릴 수 있는 가능성들에 자신을 묶어두지 않고 자유로운 상태가 되어 여유를 가지고 살아간다. 이런 사람들의 삶이 사회 전체를 위해서 상당히 중요하고도 긍정적인 삶의 형태를 제시하는 것이다. 세상을 자학적이고 거부하는 자세가 아닌 희망 속에서 청정한 자기 수련의 자세로 살아가는 사람들, 즉 그리스도교적인 의미에서 종말론적 삶을 사는 사람들이 미래의 삶을 위해서도 책임감을 가지고 사는 사람들이다. 그는 미래를 자유롭게 열어 놓고, 오늘을 위해 내일의 것을 미리 당겨서 사용하지도 않으며 예상할 수 없는 어떤 종류의 재해들에 대한 불안감에서가 아니라 진정한 내적 자유 속에 살아간다. 이 내적 자유가 세상의 한계성을 인정하면서 존재하는 사물들을 남용하지 않게 한다.[18]

북미와 서구 유럽에서 그동안 지구 위의 물질을 정도에 맞게 사용하는 것을 넘어서서 남용해 온 것은 사실이다. 이 지역에 사는 주민들은 잘 조직된 사회보장 제도와 부의 덕분에 여러 종류의 자유를 누려 왔다. 그러나 이들이 누리는 자유를 자세히 고찰해

---

18. Klaus Hemmerle, "Unsere Verantwortung für die Welt von Morgen": P. Schäfer, *Herausforderung zur Umkehr* 75.

보면 그 배경에는 또 다른 종류의 부자유가 도사리고 있다. 예를 들어 크게 필요하지도 않는 새로운 종류의 물건들에 대해 욕구가 증가되도록 끊임없이 자극하는 광고들은 모르는 사이에 판단력을 묶어 버려 부자유스럽게 한다. 또한 이웃이 가졌다고 해서 나 역시 더 큰 자동차, 더 큰 텔리비전을 가져야만 상대적 빈곤을 덜 느끼게 된다면, 이 역시 사람을 부자유스럽게 하는 필요치 않은 경쟁심이다.

이러한 부자유로부터 벗어나 자신에게 진실한 사람은 진정한 내적 자유를 누릴 수 있게 된다. 이 내적 자유는 외부의 상황에 의해 동요되지 않고 세상에 대해 조화와 책임감을 가진다.

빈 대학의 윤리신학 교수인 귄터 피어트는 일반 사회가 교회로부터 약자와 위험에 놓인 자들을 위한 변호사가 되어 줄 것을 요구한다고 말하고 있다:

교회와 신학자들이 현실적인 문제들과 자연과학적 영역에 직접적으로 개입을 해낼 수 있는 능력은 사실상 없다고 하더라도 긴 역사의 발자취가 주는 풍부한 경험과 그것의 정신적인 배경을 읽을 수 있는 능력을 갖고 있다. 교회 공동체는 점점 세분화되어 전문화되어 가는 일반 학문의 영역을 넘어서서 전체의 구조를 파악해 낼 수 있는 방향으로 열어갈 가능성을 가지고 있다. 교회는 전해져 온 신앙의 유산을 잘 보호해야 하고 동시에 자신의 영역을 벗어나지 않으면서도 복합적이고 가변적인 현 문제들에 개입을 해야 한다.

자연 환경에 대해 개개인이 자신의 태도를 변화시켜 나가지 않는 한 어떠한 근본적인 변화도 기대해 볼 수 없고 사회 전체의 구조적 변화가 없어도 각 개인의 노력이 큰 효과를 거둘 수 없다. 가정주부이든 남편이든, 고용주이든 고용인이든 그리스도인 각자는 자연 환경을 보호하는 삶의 방식을 개발해 낼 과제를 받고 있다. 교회는 양심을 형성하는 데 강한 영향력과 수백 년 동안 조직해 온 좋은 교육의 장을 갖고 있다. 이러한 잠재 능력들을 현대 문제들을 극복하는 데 투자해야 한다. 역사 안에서 각 수도회의 노력들이 사회 안에 문화적 자질 향상에 크게 기여하였듯이 작은 단체들과 각 본당 공동체 그리고 여러 종류의 운동들이 전체 사회 안에 혁혁한 영향을 줄 수 있다.

새로운 삶의 방식은 단순한 정보 제공만으로 배워질 수 있는 것이 아니다. 근본적인 것에까지 닿는 깊은 사고와 실질적인 행동 두 가지의 종합은 새로운 윤리를 배우는 데 특별한 의미를 가질 수 있다. 사려깊이 사고된 행동만이 자연 환경을 장기적으로 보호하는 삶의 형태를 밝혀낼 수 있다. 이 새로운 과제는 새로운 삶의 방식을 시도해 보는 용기를 요청하고 있다.[19]

교회 내의 상호 통교는 세분화되고 전문화되어 가고 있는 각 학문의 좁은 분야를 넘어서서 전체적인 안목으로 그 구조를 파악할 수 있는 가능성과 과제를 가지고 있다. 교회는 주변 환경을 파괴하는 삶의 방식과 경제 활동을 자제시키고 스스로 앞장서서 새로운 삶의 방식을 실천해 감으로써 세상 안에 하나의 지표가 되어야 한다.

각자는 자기 삶의 영역 안에서 자연 환경에 책임감있는 삶의 형태를 찾아내야 한다. 뜻을 같이하는 사람들이 함께 모여 자신들의 실천 의지를 드러낼 때 그 운동은 더 강력하고 효과를 발휘하게 된다. 그리스도인 각자는 자신에게 "나의 삶의 영역에서 삶

---

19. Günter Virt, "Umwelt – Eine Gewissensfrage? Analyse – Vision – Folgerungen": D. M. Baner, G. Virt 편 *Für ein Lebensrecht der Schöpfung* [Salzburg 1987] 17 이하.

의 환경을 보호하기 위해서 무엇을 할 수 있을까?"를 물어야 한다. 여러 소단위 단체들이 이미 여러 가지 방식으로 이웃 형제들을 위해 책임감있는 생각과 행동으로 활약하고 있는 각 본당과 교구 내 단체들은 이런 같은 동기를 가진 모임들을 서로서로 연결할 수 있겠다. 이렇게 하여 환경 보호를 위한 노력들은 더 강한 힘을 발휘할 수 있게 되고 사회 안에 눈에 뜨이는 모임으로 성숙할 수 있게 되겠다. 환경 보호를 위한 노력은 일반적으로 누구에게나 몸에 배인 것이 되어야 하겠다. 삶의 환경을 계속 파괴해 나가는 것을 막거나 줄이기 위해서 앞으로는 전세계적인 운동과 조직이 필요하다. 모든 이런 종류의 운동들이 진정한 효력을 발휘할 수 있기 위해서는 모든 사람들이 이 운동에 함께 참여해야 하며 그 인식과 의지가 아래에서부터 능동적이고 적극적이어야 한다.

3.2. 종합

이 장에서는 자연과학자들뿐만 아니라 신학자들도 이 지구 위에 생명이 계속 존속해 나갈 수 있도록 함께 심각히 염려하고 있다는 사실과 어떤 종류의 생각들이 이 문제와 관련해서 전개되었는지를 보여주고 이러한 안목에서 볼 때 어떻게 생각을 더 전개해 나갈 수 있는지를 알아보고자 했다. 이러한 고찰에서 분명히 드러나는 것은 모든 종류의 현대 문명 문제를 극복하는 일에 교회도 중요한 역할을 할 수 있다는 것이다.

이 문제들은 해마다 — 때로는 체르노빌 사건과 같이 급진적으로 — 심각하게 증가되고 있으며 전세계의 모든 나라와 사람들이 해결을 위해서 함께 동참할 필요가 절실하게 되었다. 그러나 문제들은 지역에 따라 다양하고 상이하다. 예를 들어 구미 사회에서는 차고 넘쳐서 어떻게 소모하느냐가 문제시될 때가 있는가 하면 다른 지역에서는 생존에 필요한 가장 기본적인 것도 없어서 고통을 받고 있다. 구미에서는 과잉된 영양과 체중 증가로 여러 가지 의학적 문제를 가지고 있는가 하면 일부 다른 지역에서는 먹을 것이 없어서 굶어 죽어가기도 한다.

또 다른 문제는 무분별한 자연과의 관계이다. 바다들은 기름 탱크들의 사고로, 마구 버려진 방사 물질들의 쓰레기로, 유독성 화학 제품들로 심하게 오염된 채 끊임없이 흘러들어오는 강물들로 많이 오염되어 가고 있다. 수없이 많은 공장들로부터 매일 엄청난 양의 유독성 연기들이 뿜어져 나가며 이들은 다시 땅으로 내려와 그곳을 오염시킨다. 산성비는 나무들을 상하게 하고 있다. 산업화되어 대량으로 하는 축산업은 허락되지 않은 사료들을 사용하면서 가축들을 고생시킬 뿐만 아니라 병들게 하고 있으며 이 병든 가축들의 고기는 결국 음식으로 사람들에게 제공된다. 해충을 제거하기 위해 뿌리는 농약은 해충이 그것에 저항력을 가지게 됨으로써 점점 더 강한 농도로 뿌려져야 하며 이것은 열매뿐만 아니라 농지까지도 해롭게 하고 있다. 구미의 일부 제약회사들은 부작용 때문에 자국에서 생산과 판매가 금지된 의약품들을 계속 만들어 제3세계로 비싼 값을 받고 수출하고 있다. 무기산업 역시 엄청난 양의 원자재와 돈을 먹어치우고 있다. 원자탄과 원자력 발전소들과 화학 공장들은 우리에게 하나의 지속적인 위험 요소로 존재하고 있다.

이러한 요소들은 이것보다도 훨씬 더 많이 존재하고 있는데 이대로 같은 방법으로 지속될 수는 없다는 것이 앞에서 도입한 여러 전문가들의 공동 의견이고 문제 해결을 위해 여러 가지 생각들이 제시되었다. 앞에서 언급한 대로 이미 많은 종류의 모임과 단체들이 형성되어 있어 자연 환경을 파괴하고 삶의 질을 저하시키는 계획과 행위들을 견제하고 있다.

이러한 상황에서 교회에게 회개와 새로운 삶의 방식에로 유도하는 작업에 함께 동참할 것이 요청된다는 것은 당연하다 하겠다. 교회 안에는 이미 많은 종류의 그룹과 젊은이들이 있어 이들이 영향력을 주변에 확산시켜 나갈 수 있다. 라틴아메리카의 민중교회 운동이 사람들로 하여금 무지와 무기력으로부터 벗어나도록 하는 데 얼마나 큰 공헌을 했는지 우리는 알고 있다.

예수 그리스도는 우리에게 사랑을 가르쳤다(내가 너희를 사랑하듯이 너희도 서로 사랑하라). 사랑 안에서 우리는 억압받는 자들과 궁핍에 시달리는 자들을 생각해야 한다. 이것은 초대교회 때부터 해온 것으로서 예수의 비유에서도 쉽게 들을 수 있는 내용이다(너희들이 가장 작은 이에게 해준 것이 곧 나에게 해준 것이다). 그리스도는 또한 자연에 대한 사랑을 우리에게 자신의 삶으로써 보여 주었다(들에 핀 들백합을 보라. … 참새 한 마리도 하느님께서 돌보신다). 모든 생명은 하느님의 뜻에서 온 것이고 하느님께서 사랑 자체이시기 때문에 그분은 모든 것을 사랑하는 것 이외에 아무것도 아니다. "죄"의 개념도 지금까지와는 또 다른 차원을 미래에는 갖게 될 것이다.

자연 환경 오염과 파괴, 토지의 남용과 가난한 나라를 악용하는 것 등이 모두 죄에 속한다. 우리의 사랑은 프란치스꼬 성인의 사랑처럼 모든 것을 포용할 수 있어야 한다. 우리는 주변의 사람들뿐만 아니라 자연 사물까지도 겸허하게 대해야 한다. 사랑과 부드러움, 겸손과 평화 등이 우리 그리스도인들에 의해 생활화될 때 존재하는 모든 생명에 대해 책임감을 가지는 회개에로 일반인들을 유도할 수 있을 것이다. 그렇게 된다면 현재 존재하는 미래에 대한 모든 걱정은 좀더 나은 삶을 향한 희망으로 변화될 수 있을 것이다.

4
문제 극복을 위한 성서적 고찰

그리스도인들도 일반 사람들, 즉 비그리스도인들과 한 인간으로서는 조금도 다를 바가 없고 똑같이 인간성과 물질의 물리 화학적 법칙의 지배 아래 놓여 있는 것은 사실이다. 그러나 그리스도교적 복음은 그에게 삶의 의미에 새로운 지평을 열어 놓고 있다. 예수 그리스도의 죽음과 부활이 인간에게 가져다 준 인간과 세상의 새로운 의미 전체가 새로운 삶의 지평을 보여주고 있다. 그리고 이 새로운 삶의 지평은 구체적으로 우리의 현실 삶에 영향을 가져다 주어야 한다.

알퐁스 아우어는 신학자들이 시대의 변화를 예민하게 주시해야 하고 신앙의 적용이 그 시대에 구체적이어야 함을 주장하고 있다:

> 오직 그 시대를 존중하고 자신도 한 일원임을 의식하는 신학자만이 구원의 진리와 세상의 진리를 올바르게 융합하고 구체적인 상황에 맞게 해석할 수 있는 능력과 마음 자세를 갖추고 있다.[1]

신학과 철학은 사물과 삶의 의미를 탐구하는 학문으로서 다른 학문의 모든 분야를 포괄할 수 있는 종합적인 성격을 가지고 있다. 신학과 철학은 모든 학문들을 포함해서 존재 자체의 의미와 목적

---

1. A. Auer, *Umwelt Ethik. Ein theologischer Beitrag zur ökologischen Diskussion* [Düsseldorf 1984] 190 이하.

그리고 최종 원인에 대한 물음을 고찰하고 그 답을 찾아나선다. 그러므로 신학과 철학 그리고 일반 학문은 서로의 독립성을 인정하면서도 상호 관계 속에서 비판과 보완의 능력을 가진다.

세상과 인간이 하느님으로부터 창조되었다는 믿음은 인간적 지성과 자유를 깨어서 능동적으로 사용하도록 하며 그것은 창조 때에 가능성으로 주어진 것을 역사 안에서 펼쳐 나가는 것을 정당한 것으로 인정해 주고 있다. 예수 그리스도 안에 하느님이 인간으로 오신 것에 대한 믿음은 이 세상과 인간이 하느님으로부터 받아들여지고 예수 그리스도의 죽음과 부활로 완성에 도달한 것에로 지속적으로 역사 안에서 성숙되기를 요청되고 있음을 인식하고 있다. 그러나 이스라엘의 역사 안에서 자주 나타나고 신약성서에서도 자주 등장되는 죄에 대한 언급은 인간의 지성과 자유의 남용에 대한 경고를 내포한다.

이제 창세기에 언급되어 있는 창조와 번식에 대한 축복을 현대 문제와 관련시켜 고찰해 보면서 그동안 인류가 이 대목을 정확하게 이해해 왔는가를 알아 보도록 하자.

우리가 창세기에서 야휘스트가 전하는 창조 설화를 읽어 보면 이 이야기들은 인간에게 전체 피조물에 대한 특별한 책임감을 불어넣고 있다는 것을 볼 수 있다. 이것은 짐승들을 창조하는 것을 알려 주는 부분(창세 2,18 이하)에서 가장 분명히 드러나고 있다. 이들 짐승은 아담에게 도움이 되는 존재로 불리어졌고 아담은 이들 위에 군림하도록 되어 있다. 이것은 특히 아담이 각 짐승들에게 이름을 정하여 주는 것에 잘 나타나고 있다. 아담이 정하여 주는 대로 그것은 그대로 그 짐승의 특징을 잘 나타내는 이름이 되었다. 아담은 짐승이 창조된 그대로 받아들여야 했지만 이름지음을 통하여 그 짐승에게 세계 안에서의 장소와 위치를 정하여 주었다. 구약성서 학자 베스터만은 다음과 같이 얘기하고 있다:

창조물로서의 짐승들은 아직 아무런 이름을 갖고 있지 않았다. 이름은 인간의 세상 안에 놓여지는 위치에 따라 인간으로부터 받았다. 이름을 부여받는 행위에 의해 짐승들은 인간으로부터 인간의 세계 안에 의식되고 규정되고 질서지어졌다. 언어가 세상을 인간적으로 만들었으며 명명을 통하여 짐승들은 인간의 세상에 내포되어졌다.[2]

창세기 1,26 이하에 의하면 인간은 세상에 대해서 특별한 위치를 가지고 있다:

하느님께서는 "우리 모습을 닮은 사람을 만들자! 그래서 바다의 고기와 공중의 새, 또 집짐승과 모든 들짐승과 땅 위를 기어다니는 모든 길짐승을 다스리게 하자!" 하시고, 당신의 모습대로 사람을 지어내셨다. 하느님의 모습대로 사람을 지어내시되 남자와 여자로 지어내시고 하느님께서는 그들에게 복을 내려주시며 말씀하셨다. "자식을 낳고 번성하여 온 땅에 퍼져서 땅을 정복하여라. 바다의 고기와 공중의 새와 땅 위를 돌아다니는 모든 짐승을 부려라."

창세기의 이 대목이 인간의 자연에 대한 기술적·학문적 압도와 관련이 있는 것은 틀림없다고 볼 수 있다. "번성하여 온 땅에 퍼져서 땅을 정복하여라"는 대목은 이전에는 문자 그대로 문제없이 이해되었다. 그러나 오늘날 발달된 성서학과 환경 파괴의 심각성은 이 대목에 대한 과거의 일방적으로 인간에게 유리하게 해석한 것에 이의를 제기하게 하고 있다.

---

2. Cl. Westermann, *Schöpfung* [Themen der Theologie Bd.12, Stuttgart 1971] 121 이하.

"땅을 정복하여라"는 말의 히브리어 원문은 *kabas*이고 "모든 짐승을 부려라"는 말은 *radah*이다.³ 어원학적으로 *kabas*는 "발을 어떤 것 위에 놓다"라는 뜻이다. 예를 들자면 에집트 왕 파라오가 자신의 지배하에 있는 영토를 새긴 판 위에 발을 디디고 앉아 있는 것과 같은 것을 의미한다. *radah*는 "내리누르다", "어떤 것을 땅에 다지다, 찧다, 도장찍다" 등의 뜻을 갖고 있다. 이 단어는 또한 포도 압착기(요엘 4,13)를 연상시키기도 한다. 현 시대를 살아가고 있는 우리 역시 이 단어들을 이해하는 데 현 시대의 이해 지평을 벗어나지는 못할 것이다. 두 단어를 종합해서 이해하자면 "무엇을 소유하다" 또는 "이끌다"라는 의미를 지닌다. 그럼에도 불구하고 이 두 단어는 상당히 강한 표현을 지닌 것으로서 왕의 다스림과 절대적인 권위를 내포하는 의미를 지니고 있다(시편 72,8; 110,2; 이사 14,6; 에제 34,4). 무자비하고 강압적인 지배의 의미도 빠지지 않고 있다(예레 34,11.16; 창세 9,7). 또한 원하는 것을 강하게 시행하려는 의지도 포함되어 있다(레위 25,43.46.53). 강한 지배권을 의미하는 것으로서 이것을 거스를 수도 제한할 수도 없는 것으로 보인다.

현재의 우리가 이 대목을 우리의 이해 지평이 허락하는 경험적 요소로 단순히 그대로 파악하려고 시도해서는 안될 것이다. 예를 들어 이 단어들을 통속적인 의미의 공산 사회주의적 범주 내에서 "억압" 그리고 "착취" 등으로 이해될 수는 없는 것이다.⁴

"번성하고 다스리라"는 창세기의 표현은 긍정적으로 이해될 수 있다(창세 1,31). 인간에게 이 땅과 그 안에 생존하는 모든 것에

---

3. W. H. Schmidt, *Die Schöpfungsgeschichte der Priesterschrift. Zur Überlieferungsgeschichte von Gen 1,1-2.4a* [Neukirchen 1964]; Cl. Westermann, *Genesis* [Biblischer Kommentar I, Neukirchen 1966].

4. K. Lehmann, "Kreatürlichkeit des Menschen als Verantwortung für die Erde": P. Schäfer, *Herausforderung zur Umkehr* 82 이하.

대한 왕권적 지배권이 주어진 것의 의미를 정확히 이해하기 위해서 당시 근동 지방에서 왕권이 어떤 성질을 띠고 있었는지 살펴볼 필요가 있다. 왕은 그의 지배하에 있는 영토 내의 모든 사람들의 현재와 미래의 안녕에 대해서 책임이 있었다. 그는 모두가 건강하고 행복하도록 관심을 주어야 했다. 지배권은 단순히 폭력을 사용할 수 있는 전권만을 의미하는 것이 아니라 삶의 장을 보호해야 할 봉사직도 내포한다.

고대 근동에서 "목자"란 단어가 지배자를 의미하는 비유로 사용되어 온 것도 우연은 아니다(2사무 5,2; 2역대 17,6; 시편 78,71 이하; 예레 23,4; 에제 34,23 이하; 37,24; 미가 5,3). 우리가 창세기의 창조 설화를 제대로 정확하게 이해하기를 원한다면 당시의 문화적 배경도 함께 고찰해야 한다.

성서는 2천 년이 넘는 기간 동안에 각 시대와 인간에게 다양한 영향을 주어 왔다. 성서는 인간의 문화사 안에서 특정한 한 기간 안에 기록 편집되어 그 기간의 문화적 요소를 많이 내포하고 있지만 또한 자신 안에 이미 잊혀진 요소들과 아직도 오지 않은 요소들 그리고 아직까지 고려되지 않은 요소들도 포함하고 있다. 그러므로 성서의 표현들은 인간 역사의 각 새로운 장마다 언제나 다시 생각되어야 하고 그동안 겪은 새로운 경험들을 토대로 재해석되어야 한다.

옌센은 창세기 저자의 안목을 당시의 상황, 즉 인간을 막강한 힘을 가졌던 자연의 위력으로부터 해방시키려는 것에서부터 이해하려고 시도하고 있다:

그 당시는 인간이 언젠가는 오늘날과 같은 고도의 기술 문명으로 지구의 자연 환경을 압도하고 쇠잔해지도록까지 이용하리라는 것에 대해서는 상상조차 할 수가 없었다. 그러므로 현대 문명 문제의 원인으로 창세기의 표현에다 비난의 화살을 정당하게 퍼부을 수는 없는 것이다. 그 당시는 막강한 자연의 위력으로부터 인간을 구출하려는 것이 주안점이었고 오늘날에는 그 반대가 되고 있다. 창세기를 읽고 묵상할 때 이 점을 고려하지 않는다면 우리들 독자 자신에게 비난의 화살을 던져야 할 것이다.[5]

오늘날은 오히려 인간이 자연 환경에 저질러 놓은 모든 것에 대해 하느님 앞에 답변을 찾아야 하는 상황이 전개되고 있다. 인간의 자연 환경에 대한 개입은 이미 심각하게 깊어져 자연이 더 이상 원래의 자연 상태로 놓여 있지 못한 형편이다. 인간이 만들어 놓은 물건들 중에는 지구 위에 생존하는 모든 생명체의 존속에 위협을 가하는 것도 있음을 앞에서 살펴보았다. 창세기 3,3을 다음과 같이 해석해 볼 수도 있겠다. "인간이 할 수 있는 능력이 있다 해서 그 모든 것을 다 하도록 허락되어 있는 것은 아니다." 오늘날에 와서 이 사실에 대해 인간의 눈이 뜨이고 있다.

노르베르트 로펭크는 창세기 1,28이 인류에게 하나의 계명이라기보다는 축복이라고 얘기하고 있다:

> 창세기 1,28에서 계명을 언급하고 있는 것이 아니라 축복에 대해 다루고 있다. 하느님이 인간을 남성과 여성으로 창조하신 뒤로 인간에게 스스로 숫자를 늘려 번성해 나갈 수 있는 힘을 주셨다. 고대 근동에서 축복이란 의미와 가치가 있는 그리고 필수불가결한 것을 주는 것을 전제한다. 그럼에도 불구하고 축복이란 무엇보다도 계명처럼 강요되어지는 것이 아닌 감사한 마음으로 받아들이게 되는 일종의 선물이다.[6]

---

5. O. Jensen, *Unter dem Zwang des Wachstums. Ökologie und Religion* [München 1977] 146.

이어서 로핑크는 이 "번성의 축복"(Vermehrungssegen)이 모든
시대의 모든 사람에게 다 해당되는 것은 아니다는 의견을 말하고
있다:
> 창세기 1,28의 번성의 축복이 모든 시대의 모든 사람에게 해당
> 되는 것일까? 아니면 인류 역사 안에서 특정한 연대에만 해당되
> 는 것일까? 이 대목 자체는 어떠한 제한도 두고 있지 않다.
>   그러나 제관계 저자(Priesterschrift)의 얘기 전개 방식으로 보
> 아서 모든 인간이 아이들을 가져야만 하는 것이 아니라 적은 수
> 에서 하나의 큰 민족이 되어야 하는 것을 의미하고 있다. 예를
> 들자면 야곱에게서 이스라엘 민족으로 번성한 것과 같이.[7]

번성의 축복은 처음 작은 수의 인간이 하느님의 뜻에 따라 여러
민족으로 성장하여 땅을 가득히 채우는 것에 의미를 두고 있다.
이것이 이루어진 때에 곧 번성의 축복도 그의 과제를 다 채운 것
이 되는 것이다. 이스라엘 부족이 이집트에서 탈출해 나와 가나
안 땅을 정복해 들어갈 무렵에는 인구 수의 증가가 절대적으로
요청되었고 그뒤 안정을 이루고 난 다음에는 더 이상 수의 증가
가 절실해지지 않았고 다만 현 숫자의 유지와 부족의 번성에 필
요한 만큼 아이를 더 낳게 되어 하느님이 계획했던 정도의 부족
크기로 머물게 되었다. 제관계 저자에게는 이스라엘 민족에게 일
어나는 것들이 여러 가지 측면에서 모든 민족들 전체에게 선례의
의미를 가지는 것으로 비쳐졌다.

분명한 것은 창세기에 있는 창조 초기의 번성의 축복이 제관계
저자의 입장에서 볼 때 모든 시대 모든 민족에게 해당된다고 해

---

6. Norbert Lohfink, *Unsere großen* Wörter. *Das alte Testament zu
Themen dieser Jahre* [Freiburg – Basel – Wien 1977] 161.

7. 위 162 이하.

석될 수는 없다는 것이다. 이 번성의 축복은 민족들의 성립 시기에 해당되는 것으로서 "온 땅에 퍼져서 채우라"는 것에 주안점을 두고 있다. 한 작은 부족이 성장하면 어느 한 곳에 고정되어 머물러 있는 것이 더 이상 허락되지 않고 온 땅으로 퍼져나가서 마침내 땅을 채워 나가게 된다. 이것은 의심할 여지 없이 미리 계획된 초창기의 인류에게 내리는 축복이다. 이러한 관점에서 창세기 1,28을 이해하도록 해야 하겠다.

자연 환경에 대한 인간의 남용과 파괴는 엄밀한 의미에서 성서적인 것이 아니며 교회의 성서 해석에 부합하는 것도 아니다. 성서의 창조 신앙은 인류의 생존에 긍정적 역할을 해 왔다. 그러나 이것을 성서의 번성 축복과 일치될 수 없는 지성화와 세속화에 의한 자연 환경에 대한 남용과 파괴와 혼동해서는 안되겠다. 인간은 자신도 하나의 피조물로서 다른 피조물들과 깊은 유대 관계 속에 이 세상의 자연 질서 안에 매여 있다는 사실을 주지할 필요가 있다.

여기에 또한 간과할 수 없는 사실은 인간은 하느님의 모습을 닮은 존재로 만들어졌다는 것이다. 창조 설화는 인간의 자연에 대한 우위가 바로 이 하느님을 닮은 모습에서 기인한다는 것을 잘 알고 있다. 그러나 인간이 하느님의 뜻에 따라 주어진 능력을 사용할 때 자신도 자연 환경도 건강하게 지켜나갈 수 있다. 자연 환경의 질서는 인간이 자신을 포함한 모든 존재 사물의 피조성을 받아들이고 인정하는 것과 깊은 관련을 갖고 있다. 칼 레만은 다음과 같이 말하고 있다:

> 그리스도인의 숙제는 인류가 하느님과 세상, 역사, 자연과의 관계 유지와 정상화에 큰 책임이 있다는 것을 주지하여 새로운 생각을 개발하고 유지하는 데 있다. 문제는 피조물을 그것이 파괴

되지 않도록 다스리는 데 있다. 이 명제는 이미 오래된 것이지만 아직 성취되지 않은 것이다.[8]

인간은 자기 존재의 모든 측면에서 조화를 유지하고 절제를 지키며 혼돈하지 않는 데서 진정한 삶을 살아갈 수 있다. 인간은 자신의 위치를 지킬 때 세상을 인간적으로 형성해 나갈 수 있다.

이 현대 문제에 대하여 신약성서의 복음이 어떤 관련을 가지고 있는가를 간단히 고찰해 보기로 하자. 여기서는 독일에서 현재 활동하고 있는 윤리신학 교수로서 환경 윤리의 대가인 알퐁스 아우어 교수의 의견을 중심으로 논하고자 한다.

신약성서 복음의 핵심은 예수 그리스도 안에 하느님의 인간이 되어 오심과 인류의 역사 안에서 인류 구원의 완성에 대한 내용이다. 이 복음은 세상의 발전과 인간화를 반대하지 않으며 또한 현대 문명의 문제와 어떤 종류의 재해도 인류의 역사 안에서 눈 앞에 다가온 종말을 예고하는 표시로 해석될 것을 허용하지 않고 있다.[9] 세계 안에서 그리스도인의 행동은 예수 그리스도를 삶의 핵심으로 받아들이고 희망하면서 예수 그리스도에게 자신의 존재를 의탁하면서 사랑 안에서 자신의 삶을 예수 그리스도와 이웃 사람들과 세상에 존재하는 모든 자연 사물에게 투신하는 것을 의미한다. 하느님께서 예수 그리스도 안에서 세상과 인간을 긍정적으로 받아들이고 완성으로 나아가도록 부르신다는 사실은 신앙인에게 세계 안에 존재하는 피할 수 없는 한계성과 인간이 스스로 불러일으키는 들뜬 어리석은 행위들을 거슬러 투쟁하도록 끊임없이 힘이 되고 있다.

---

8. Karl Lehmann, Kreatürlichkeit des Menschen als Verantwortung für die Erde, In; P. Schafer, *Herausforderung zur Umkehr* 87.
9. A. Auer, *Umwelt Ethik* 293.

그리스도교 신앙 내용은 또한 인간에 대한 경고도 내포하고 있다. 구약과 신약성서의 표현은 세상 안에 악이 존재하고 있으며 인간이 자신의 죄로 끊임없이 새로운 무질서와 파괴를 자신의 삶의 영역에 보태며 이러한 인간의 죄는 사회 전체와 자연 안에까지 영향을 깊이 미치고 있음을 알려주고 있다. 인간이 세상 안에서 자신에게 부여된 위치를 잘못 사용함으로써 그의 행위는 하느님의 창조 의지를 실현시켜 나가는 데 도움이 되기보다는 자의적이고 조작적으로 스스로의 영광을 찾는 것에 급급하고 있다.

죄에 대한 성서의 표현들은 하느님이 설정해 놓으신 경계선을 넘어서지 말 것을 인간에게 경고하고 있다. 이 경계선을 명확히 알아내는 것이 쉽지 않는 것도 어려운 문제들 중의 하나이다. 분명한 것은 인류가 세상 안에 천국을 건설할 수 있다고 맹목적으로 믿고 가능한 모든 종류의 진보된 기술 문명을 동원한다면 이 경계선을 넘어서고 있는 것이다. 또한 이 경계선은 인간이 뒤에 어떤 일이 발생할 것인지 모르는 상태에서 책임질 수 없는 새로운 기술 종류를 개발하여 세상에 펼쳐 놓는 것에도 넘어가고 있다. 아우어는 다음과 같이 강조하고 있다:

> 인간은 자신에게 한계성이 설정되어 있다는 사실을 인정해야 한다. 그리고 그것을 분명히 깨어서 알아내도록 겸허한 자세로 노력해야 한다.[10]

인간이 자신의 자주 독립성을 강조한 나머지 하느님의 창조와 구원 의지를 부정하고 자신 안에 갇혀서 모든 일을 자신의 판단에 따라 자의적으로 실행해 나간다면 이것은 분명히 경계해야 할 일

---

10. 위 294 이하.

이다. 근대에 들어와서 하느님으로부터 주어진 삶의 의미와 규정들로부터 벗어나 인간의 자유 독립을 선언하려고 노력해 온 과정 안에는 위험한 요소들이 곳곳에 싹터 있다. 성서는 인간이 전적으로 스스로의 힘으로만 자기 삶의 방향을 올바르게 잡아 나갈 수 없음을 알려주고 있다. 오직 하느님의 사랑에 가득찬 오심을 받아들이는 것으로 이 세상 안에 장기적으로 질서와 평화를 성숙시켜 갈 수 있다.

  신약성서에서 인간에게 요구되는 윤리적 규정들은 창조 신앙에 바탕을 두고 있으면서 예수 그리스도에 의한 새로운 인류 구원 의지를 담고 있다. 이것은 무엇보다도 예수 그리스도의 죽음과 부활에 근거를 두고 우리 안에 윤리적인 힘을 불러 일깨운다. 예수의 수난과 죽음 안에서 분명히 드러나는 것은 하느님께 대한 인간의 거부로 인간 세상과 자연 환경 안에 존재하는 파괴적인 고통이다. 그럼에도 불구하고 예수의 부활은 이 거부하여 죄많은 인간에게 그리고 인간으로부터 많이 파괴된 세상 안에 구원의 가능성이 열렸으며 그 가능성은 열린 채로 지속될 것을 알려주고 있다.

  이러한 신앙으로부터 인류에게 그동안 인간에 의해 발생된 어려움을 사랑과 자유 안에서 지고 나가면서 그 어려움을 줄여가는 데 필요한 모든 노력들을 기울일 힘이 생겨나게 된다. 그리고 최종적인 극복에 대해서는 하느님의 구원 의지에 맡기게 된다. 예수 그리스도 안에 열려진 최후의 구원은 인간과 자연 역사의 장 안에서 실현될 어떤 것이 아니며 이것은 또한 인간의 노력으로 성취될 수 있는 것도 아니다. 세상을 창조하시고 이 세상의 시작 부분에서 뜻을 비추시고 역사적 여정 안에서 자신을 계시하신 하느님만이 최종적인 구원을 이루실 수 있다. 하느님에 의한 이 현 세상의 최종적인 구원에 대한 희망으로 우리 신앙인은 세상 안에서 유토피아를 건설하고자 하는 실현 불가능한 환상적 꿈들이 무너져 가는 것을 보면서 꿋꿋이 청정한 겸허로 버티어 나갈 수 있다. 신앙인은 예수 그리스도 안에 열려진 하느님의 구원 의지를 믿으면서 이 믿음에서 세상 안에 이미 존재하는 그리고 또한 자신의 어리석음으로 더 가중된 무질서와 제한성에 짓눌리지 않고 자신의 현실적 삶을 증진시키고자 하는 노력을 기울여 나갈 수 있는 것이다.

5

현대 문제 극복을 위한
공의회, 교황 및 주교 문서들

이 장에서는 교회가 현대 문제들을 극복하기 위해 어떤 노력을 하고 있는지 제2차 바티칸 공의회 문헌에서부터 그동안 발표된 주요 문헌들 중 대표될 만한 것을 선정해서 간략히 살펴보도록 하자. 정보와 홍보의 부족으로 우리가 그동안 잘 모르고 지내 왔으나 사실 교회에서는 현대 문명의 문제와 그것으로부터 야기되는 환경 문제를 60년대 이후 종종 심각히 언급해 왔고 교우들과 세계인들의 의식에 강하게 부각되도록 노력을 기울여 왔다. 현대 문제가 오늘날만큼 심화되기 이전부터 문제의 가능성을 보면서 나아갈 방향을 제시하려고 시도해 온 것이다. 전문을 다 인용하기에는 지면이 소화하기 힘들 것이므로 간추려 요약해서 제시하고 설명을 덧붙이도록 하겠다.

5.1. 제2차 바티칸 공의회: 〈사목헌장〉

제2차 바티칸 공의회는 인류가 현재 처한 상황을 〈사목헌장〉 (Gaudium et Spes)에서 언급하고 있다. 〈사목헌장〉은 머리말, 서론 그리고 1부, 2부로 구성되어 있는데, 여기서 서론 부분과 1부 3장에서 현대 문제와 관련된 일부를 요약 소개하면 다음과 같다:

가. 오늘날 인류는 자신의 역사 안에서 깊고도 빠른 전환기에 놓여 있다.

나. 인간은 자신의 힘을 매우 키우고 있으나 그 힘이 자신의 복
 지 증진에 도움이 되도록 항상 조절할 수 있는 능력은 갖추
 지 못하고 있다.
다. 산업사회가 인류 전체 영역으로 퍼져가고 있다.
라. 인류는 자신의 내부 안에 이중적인 분열과 갈등의 요소를 갖
 고 있으며 그것으로부터 여러 가지 어려운 현상들이 사회 안
 에 발생하고 있다.
마. 인간의 힘이 커질수록 책임 역시 커지고 있는데 이것은 개인
 적인 것이든 사회적인 것이든 마찬가지이다.
바. 증가된 인류의 힘은 스스로를 파괴시킬 수도 있는 위협적인
 존재가 되고 있다.

서론(4-10항)은 세상과 세상 안의 인간의 상황에 대해서 짧게 소개하려고 시도하고 있다. 이 부분은 교황 요한 23세의 회칙에서 일반적으로 볼 수 있는 바와 같이 "시대의 표징"에 대해서 사회학적인 입장으로 분석해 들어간다.[1] 서론에 의하면 교회는 모든 시대에서 그 시대의 표징들을 살펴보고 그것을 복음의 빛으로 해석해 낼 의무를 부여받고 있다(5항). 공의회 교부들은 인류가 급진적인 전환기에 서 있음을 인식하고 있다. 이 전환은 여러 가지 어려움들을 자체 안에 내포하고 있다. 균형있는 성장을 이루어 나가야 하는데 정신적인 영역의 발전이 기술 문명의 발전에 보조를 함께하지 못하고 있는 것이다.

이미 앞장에서 살펴본 바와 같이 공의회 교부들도 인류가 자연환경에 대해 다스릴 권리뿐만 아니라 모든 자연 질서를 잘 보존

---

1. K. Rahner – H. Vorgrimler, *Kleines Konzilskompendium. Sämtliche Texte des Zweiten Vatikanums mit Einführungen und ausführlichen Sachregister* [Freiburg – Basel – Wien 1966] 426.

해 나갈 의무도 있음을 언급하고 있다. 그런데 자연 질서 균형이 파괴되어 가고 있는 것의 심층에는 인간의 내부 균형이 흔들려 있는 것에 근원을 두고 있다. 인간은 내부에 복합적인 문제를 안고 있는데 인간에 대한 인간학적 심층 고찰은 2부에서 다루도록 하자.

3장은 모두 7항으로 이루어져 있는데 세상 안에서 인간의 활동에 대해 다루고 있다. 공의회 교부들은 인간의 정신과 힘에 의해서 이루어진 이 모든 문명의 이기들은 바로 하느님의 크신 영광의 표시이자 그분의 무한한 지혜의 열매로 인식하고 있다. 그러나 공의회 교부들은 인류가 자신의 행위에 책임성을 동시에 가지고 있음을 강조하고 있다. 그리스도교의 복음은 바로 이 과제를 수행해 나가야 할 의무를 가지고 있다. 인간의 모든 행위는 그리스도의 수난과 부활에 의하여 정화되고 완성되어야 함을 교부들은 주지시키고 있다.

5.2. 1971년 로마 주교 시노드: 〈세계 안에서의 정의〉

1971년 로마에서 주교 시노드를 열었는데 그 회의 결과로 〈세계 안에서의 정의〉라는 문헌이 발표되었다.[2] 이 문헌에는 세 단원에 걸쳐 세상과 환경 문제에 대해 언급하고 있다. 주교 시노드의 기본적 입장은 다음과 같다:

가. 공기와 물 그리고 모든 생체권은 인류에게 귀중한 자원이다.
나. 원 자원의 남용과 환경 오염은 인류 생존을 위협하고 있다.
다. 부유한 국가들은 그들의 물질적 풍요를 모든 인류와 함께 나누어야 한다.

---

2. P. Schäfer, *Herausforderung zur Umkehr* 11 이하.

1971년 주교 시노드는 자연 자원과 생존에 반드시 필요한 요소들이 제한되어 있다는 사실과 그렇기 때문에 인류는 이 자원을 귀중하게 다루지 않으면 안된다는 사실을 강조하고 있다. 산업국가들의 원 자원 남용과 자연 환경 오염은 심각하게 커져서 살아가는 데에 필수불가결한 여러 요소들이 위협을 받고 있으며 이러한 삶의 경향이 전 대륙에 퍼져 나간다면 소비와 환경 오염은 급속도로 가속화되어 나갈 것이다. 주교 시노드가 제시하는 내용, 즉 부유한 국가의 사람들도 자원을 적게 소모하는 삶의 형태를 가질 것과 가진 것을 모든 다른 민족들과 나누는 것은 지금까지 각 민족들간에 한번도 제대로 이루어지지 않은 다함께 살아가기 위한 중요한 요소이다. 부유한 자가 점점 더 부유해지고 가난한 자가 점점 더 가난해진 것은 장기적인 안목에서 보면 양자에게 모두 불리한 것으로서 양자 모두 생각의 전환과 지혜를 가져야 한다.

부유한 산업 국가의 교회도 가난한 개발도상국의 교회도 다함께 국가 정책을 기획하고 실행해 나가는 책임있는 위치에 있는 사람들에게 책임감을 불러일으킬 중요한 과제를 안고 있다.

5.3. 1972년 교황 바오로 6세: 스톡홀름의 환경 보존 국제회의에 보내는 친서

1972년 6월 5일 스톡홀름에서 자연 환경 보호를 위한 유엔의 주재하에 국제회의가 있었다. 교황 바오로 6세는 특사를 시켜서 "자연 환경 헌장"이라 할 수 있는 글을 발표했다.[3] 여기에 교황은 현대의 중점적인 문제들과 과제들을 상기시키고 있다. 비교적 장문의 글을 요약 종합해 본다면 다음과 같다:

---

3. 위 12 이하.

가. 사람과 자연 환경은 불가분의 밀접한 관계를 갖고 있다.
나. 생태계의 조화가 무질서한 남용과 부담으로 많이 파괴되어 있다.
다. 산업 공장들이 오염의 주 원인들 중에 중요한 위치를 차지하고 있다.
라. 학문과 기술의 발전은 양면을 지니고 있어서 건설적으로도 파괴적으로도 사용될 수 있다.
마. 삶과 세상에 대한 사고를 근본적으로 재고찰하고 지금까지의 사고 습관에서 벗어나 새로운 생각을 개발해야 하는 것이 급격히 필요하게 되었다.
바. "피조물을 다스리고 부려라"라는 것은 그것을 인간이 파괴해도 좋다는 것이 아니고 완성시켜 나아갈 것을 의미한다.
사. 특히 화학자들에게 자연 환경을 다시 건강하게 회복시킬 과제가 부여되어 있다.
아. 인간은 생명체의 생존에 필요한 질서들과 재생 능력을 존중해야 한다.
자. 부유한 국가들은 후세대와 가난한 국가들의 안녕에 대하여 책임성을 가지고 있다.

교황 바오로 6세는 현대 세계의 문제에 대해 깊은 우려 속에 위의 내용을 스톡홀름 국제회의에서 회의에 참가한 각국 대표들에게 발표했다. 그는 각국 대표들에게 1971년 주교 시노드에서 결의한 사항을 다시 한번 상기시켰다. 그런데 교회와 각국 대표들의 이러한 노력에도 불구하고 실질적인 개선은 크게 증가되지 않고 있다.
 히로시마와 나가사끼의 경험에도 불구하고 그 이후 원자 폭탄은 훨씬 더 많이 만들어졌으며 체르노빌 사건에도 불구하고 새로운 원자력 발전소는 지금도 건설중이다. 점점 커지고 있는 오존층 구멍에도 불구하고 Chlorfluormethan 가스는 계속 공기 중에 유출되고 있다. 바다의 오염이 심각한데도 불구하고 유독성 폐기물은 바다에 계속 버려지고 있다. 각종 강의 오염도가 심각하여 물고기가 떼죽음을 당하고 악취가 나는데도 공장 폐수들이 정수되지 않은 채 강으로 흘러들어가고 있는 곳이 아직도 많이 있는 등 다 언급하는 것이 불가능할 만큼 곳곳에 건강한 생존을 위협하는 요소들이 존재하고 있다.

교황 바오로 6세는 기술 문명 이용 자체를 부정하는 것이 아니고 그것이 더 이상 포기될 수 없다는 것을 알고 있다. 그는 인간의 정신이 좀더 깨어서, 기술 문명이 자연 환경을 파괴하지 않는 방향으로 나아가서 인간과 모든 생물의 생존을 위협하지 않고 보호하는 역할을 하게 되기를 바라고 있다.

5.4. 1977년 교황 바오로 6세: 세계 환경 보호의 날에 보내는 친서

교황 바오로 6세는 1977년 6월 5일 세계 환경 보호의 날을 맞아 친서를 발표하면서 모든 그리스도인들이 자연 환경의 보호에 좀더 많은 관심을 가질 것을 요청했다.[4] 교황의 요청을 요약하면 다음과 같다:

가. 사고의 변화가 요청되고 있다.
나. 필요하지 않은 소비를 줄이고 자원을 보호하는 방향으로 사회와 개인이 삶의 방식을 단순화시킬 필요가 있다.
다. 각 세대간, 국가간에 서로 일치하여 협력해야 한다.

---

4. 위 15 이하.

교황 바오로 6세는 이 친서에서 이미 앞서 스톡홀름 국제회의에 보냈던 내용을 다시 한번 반복하고 있다. 그는 자연 환경 보호가 지금까지 그 어느 때보다 더 요청되고 있으며 다수의 고통받고 있는 사람들의 희생을 강요하면서 소수가 계속해서 낭비적 삶을 살아서는 안된다고 말하고 있다. 이것을 실천에 옮기기 위해서는 사고의 전환, 즉 회개가 필요하다고 강조하고 있다. 그리고 부유한 선진국의 시민들이 자신의 삶의 양태를 단순화하여 국제적 유대감을 가져야 한다. 오늘날의 세대가 후세대들에게 건강한 자연 환경을 건네줄 가능성이 현저하게 줄어들고 있어 문제가 심각해져 가는 것을 간과할 수 없게 되었다.

5.5. 1978년 교황 요한 바오로 1세: 교황 즉위 담화문

교황 요한 바오로 1세는 1978년 8월 27일 교황에 즉위한 이후 교황으로서 그의 장래 사목 방향을 알려주는 첫번째이자 마지막 담화문을 발표하였다. 이 첫번째 짧은 담화문 안에서 그는 벌써 인류의 생존을 위협하는 문제들을 언급하고 있다. 요약하면 다음과 같다:

가. 오늘날 세상은 교회로부터 "정신적 보조자"가 되기를 기대하고 있다.
나. 학문적·기술적 완벽함 뒤에는 삶의 기본 바탕이 무너져 가고 있다.
다. 윤리적이고 정신적인 지주 없이는 인간은 세상을 사막화하고 자신은 자동 기계로 전락할 위험을 안고 있다.

아주 짧게 교황으로서 살다가 간 요한 바오로 1세는 그의 첫번째 담화문에서 교회가 자연 환경의 위기에서 어떤 역할을 수행해 나가야 하는지 언급하고 있다. 그리스도의 사랑의 이름으로 교회는 사랑을 갈망하는 세상에 대해 모든 힘을 다하여 봉사해야 한다.

5.6. 1980년 교황 요한 바오로 2세: 파리의 UNESCO에서 행한 연설문

교황 요한 바오로 2세는 1980년 6월 2일 프랑스에서 성지 순례를 하는 중 파리 UNESCO의 실무 위원들에게 연설을 했다.[5] 이 연설에서 그는 인류의 생존에 관해 몇 가지 근본적인 질문들을 던졌다. 교황은 인간 생존의 근본 의미와 문화의 가치와 독특성 그리고 문화 안에서의 정신과 물질의 위치에 대해서 언급했다. 그는 인간이 자신의 삶의 주체로서 교육받을 권리, 건전한 윤리성에 대한 권리, 독립성, 가족을 가질 권리 그리고 어떠한 국가나 개인으로부터도 주체성을 가진다는 것을 강조하고 있다. 또한 그는 이 기회를 이용해서 원자탄의 위험성에 대해서도 언급하고 있다. 그의 주안점을 간략히 요약하면 다음과 같다:

가. 인간은 이성과 손을 통해서 문화적 삶을 살고 있으며 이 문화적 혜택 덕분에 인간으로서의 참된 삶을 영위할 수 있다.
나. 인간은 가시적 세상에서 유일한 문화적 존재이며 또한 이 문화의 유일한 대상이자 목표이다.
다. 인간을 물질로부터 완전히 분리시키는 것과 정신으로부터 완전히 분리시키는 것 둘 다 참된 삶으로 이끌지 못한다.
라. 인간은 타인을 어떤 다른 목적을 위해서가 아니라 그 자체로 인정해야 한다. 다른 표현으로 바꾸자면 인간은 인간을 그가 인간이기 때문에 사랑해야 한다.

---

5. 위 17 이하.

마. 인간은 그동안 수백 년 동안 쌓아올린 문화를 한꺼번에 파괴
시킬 수 있는 원자탄의 위협으로부터 해방되어야 한다.
바. 인간은 자신의 학문과 문화적 능력 위에 양심의 소리도 함께
존중해야 한다.

원자 무기를 줄여 가면서 마침내 완전히 폐기시키는 때가 오기를 희망하고 있는 동안에 각종 실험실과 현장에서 행해지고 있는, 아직 안전성 여부가 명확하게 알려지지 않은 상태인 유전인자 조직과 생물학적 실험들은 또 다른 위협 요소로 자리잡고 있다. 가까운 미래에 원자탄과 생화학 무기들이 모두 폐기될 가능성을 희망해 볼 수 있다 하더라도 양심의 소리에 더욱 예민하게 귀를 기울여 미래 세대의 삶을 보장하지 않는 어떤 종류의 실험들도 실험실의 범위를 벗어나게 해서는 안되겠다. 세상의 모든 정치 권력들이 서로 경계하여 경쟁하는 것에서 벗어나 상호 신뢰를 구축해 나가고 모든 자연과학자들이 그들이 알고 있는 또는 실험하고 있는 원리와 요소들을 서로 개방하여 대화를 나누며 위험 요소를 사전에 피한다면 교황이 제의하는 것들이 단순한 제의로 머물지 않을 것을 희망해 볼 수 있다. 우리 시대가 지금까지의 물질과 소비 위주의 삶에서 회개하여 기술보다는 윤리가 우위에, 사물보다는 사람이 존중되는 시대로 나아가야 하겠다.

5.7. 1980년 추기경 요셉 회프너:
독일 주교회의 개막식에서 행한 강의.
"기술 문명 시대의 인간과 자연"

김수환 추기경의 스승이자 독일 주교단 의장이었던 요셉 회프너 추기경은 1980년 9월 22일 독일 Fulda에서 열린 독일 주교회의에서 개막식 강의를 했는데 그 내용은 "인간과 자연" 문제에 대

해서였다.[6] 그 강의 전반부의 내용을 요약해 보면 다음과 같다:

가. 피조물의 중심에 놓여 있는 인간은 정신 세계와 물질 세계의 중간에 위치한 존재이다.
나. 인간은 자신의 생존을 유지하기 위해서 원시적인 형태에서 오랜 기간 동안 천천히 자연을 극복하는 것을 배웠다.
다. 인간을 변화시킨 기술 문명의 시대가 도래했다.
라. 생태계의 위기가 인류 앞에 유령처럼 다가와 있다.
마. 발달된 기계 문명의 시대에 자연과의 흐트러진 관계가 인간 자신을 파괴하려고 위협하고 있다.
바. 인간의 자연과의 관계가 파괴된 것은 단순히 에너지 자원의 고갈과 원자탄의 위협이 커진 것에만 있는 것이 아니고 깊은 곳에는 인간 자신 삶의 실패에 근원을 두고 있다.
사. 인간 자신 삶의 실패는 인간 삶의 전반에 걸쳐 고통을 주는 요소로 존재하고 있다.

회프너 추기경은 다음과 같은 소제목으로 강의를 계속해 나갔다:

제1부: 자연에 대한 관계의 파괴
    1. 지하 자원의 무모하고 절제 없는 소모적인 낭비
    2. 자연의 오염과 사막화
    3. 위협적인 인류의 멸망
    4. 인간의 삶의 영역을 병들게 하는 영향들
제2부: 그리스도교적 안목에서 인간과 자연
    — 인간이 자연에 대해 처해야 할 방법들

---

6. 위 32 이하.

회프너 추기경은 그의 강의에서 토마스 아퀴나스와 아우구스티누스가 수백 년 전에 인간이 이 세상 안에서 자연과 가졌던 관계를 이해한 것을 인용하고 있고 또한 그는 로마노 과르디니의 해석도 언급하고 있다. 이것은 원시사회의 인간이 막강한 자연의 힘 앞에 어떻게 대처해 나갔느냐 하는 문제를 현대의 학자 입장에서 이해하려고 시도해 본 것이다. 회프너 추기경의 해석에 의하면 지난 세기까지는 인간의 주관 안에 시간이 비교적 천천히 흐르다가 금세기에 들어와서 한 해 한 해가 빠른 속도로 흘러가고 있다. 인간이 무엇인가를 많이 성취하기 위해서 바빠 움직일수록 시간도 그만큼 더 빨리 흘러가 버린다. 고대의 인간은 자연과 오늘날보다 더 가까이 지내면서 더 많이 자연에 대해서 알았지만 오늘날과 같은 방법으로 이용하려고 노력하지는 않았다. 약 200년 전의 나폴레옹도 약 2,000년 전의 시저와 같은 방법인 말을 타고 이동했다. 우리의 편안한 삶을 위해서 필수불가결의 요소로 보이는 수많은 문명의 이기들, 예를 들자면 전기, 자동차, 기차, 여러 종류의 농기구 등은 금세기에 들어와서 비로소 개발된 것이다. 회프너 추기경은 이 모든 것이 바로 인류를 구원에로 이끄는 것이라고 낙관한 융어(E. Jünger)의 의견도 언급하고 있다.

그러나 금세기 80년도에 들어와서 나타나는 예상치 못했던 여러 부정적인 요소들 앞에 인간은 당혹해하고 있다. 무의식중에 신과 같이 되고자 한 인간의 교만은 이제 착각 속에 자신의 미래 삶과 후세대들의 삶까지 미리 앞당겨서 소모해 버렸음을 알게 되는 전율의 상태에 놓여 있다. 자연과학과 기술로 미래의 삶을 고통으로부터 해방시켜 행복을 보장하겠다는 믿음이 앞날을 걱정하는 두려움으로 바뀌었다. 이 두려움이 인간의 정신을 일깨워 지난 수십 년 동안의 착각에서 벗어나 인간적인 중용과 겸양으로 나아가도록 이끌어 줄 것을 희망해 볼 수 있겠다.

5.8. 1985년 독일 주교단과 개신교의 공동 선언문: 〈창조 세계를 위한 책임감 인식〉

독일 주교단과 개신교 대표들은 현대 세계의 중요한 문제들에 대해 공동으로 사회에 그들의 관심과 의견들을 표명했다.[7] 이 선언문은 하느님의 창조물에 대해 책임감을 인식해야 할 것을 분명히 하고 있다. 그 내용은 자연과 인간에 대한 이해 그리고 성서의 창조 신학에 집중되어 있다. 요약하면 다음과 같다:

가. 오늘날 우리 모두는 자연 환경 파괴의 위협을 받고 있다.
나. 문명의 이기에 대해 인간이 배상해야 하는 것은 감당하기 어려울 만큼 커졌다.
다. 우리의 기술 문명 능력은 대단하게 커졌지만 정신적인 역량은 보조를 함께하고 있지 못하다.
라. 교회는 인간의 자연에 대한 관계 모든 부분에 언급할 과제와 책임의식을 불러일으킬 과제를 부여받고 있다.
마. 현대인의 긴박한 질문들에 윤리는 대답과 방향을 제시해 줄 수 있어야 한다.

기술 문명의 발달에 걸었던 기대가 채워지기보다 문제는 또 다른 문제와 연결되어 있어서 세상과 삶의 수수께끼는 오히려 더 커져 가고만 있다. 상당한 자부심을 가지고 자연과학의 발달과 기술의 개발에 애써왔던 사람들이 요즈음 들어서는 겸손이란 단어를 생각하는 것으로 보인다. 그들의 모든 종류의 연구와 수고에도 불

---

7. *Verantwortung wahrnehmen für die Schöpfung: Gemeinsame Erklärung des Rates der Evangelischen Kirche in Deutschland und der Deutschen Bischofskonferenz.* Herausgegeben vom Kirchenamt der Evangelischen Kirche in Deutschland und dem Sekretariat der Deutschen Bischofskonferenz [Gütersloh 1985] 9 이하.

구하고 하나의 문명 이기는 다른 종류의 불편함을 전체 삶에 가져와서 그들이 본래 의도했던 삶의 질을 높이는 것에는 근본적인 도움이 되고 있지 못하다. 이러한 사실에서 그들은 이제까지 뒤로 젖혀두고 소홀히해 왔던 정신적인 영역에로 관심을 돌려야 한다는 사실에 서서히 눈을 뜨고 있다. 이것은 많은 자연과학자들을 새로운 종류의 겸손과 신앙으로 향하는 길을 제시하면서 생명에 대한 존중과 책임의식을 불러일으키고 있다. 그러나 아직도 여기에 아랑곳하지 않고 지금까지의 길을 그대로 고집하면서 위험한 요소들을 추진중에 있는 사람들도 있다. 내가 하지 않으면 다른 사람이 할 것이다는 경쟁심리에 의해 이들은 새로운 분야의 선두 주자가 되기를 원하면서 그대로 달려간다.

그러나 자연 환경의 파괴에서 오는 고통에 시달리는 일반 대중과 의식있는 정치 지도자들의 움직임에 힘입어 자연 환경을 보호하는 방향으로 기술을 개발하고 경제 운용과 삶의 방식을 전개해 나갈 희망은 있다. 이 일은 하루 아침에 이루어지지는 않지만 깨어나는 의식과 함께 시간 속에 점진적으로 진행되어 갈 것이다.

교회는 구체적인 환경 보호 정책을 계획 운영하며 새로운 기술을 개발해 내는 일은 할 수 없는 처지이지만 존재하는 모든 것은 하느님으로부터 유래하므로 책임감을 가지고 보호하고 지켜 나가야 한다는 사실을 주지시키고 의식을 가지도록 교육해 나갈 수 있다. 그리스도교적 의식과 윤리는 인류에게 창조물에 대해서 책임성있는 행위를 해나가도록 계속해서 방향을 제시해야 한다.

5.9. 1990년 교황 요한 바오로 2세 :
1월 1일 세계 평화의 날, 평화를 위한 제언들

교황 요한 바오로 2세는 1990년 1월 1일 세계 평화의 날을 기해 〈창조주이신 하느님과 평화, 창조물과 평화〉란 친서를 세상에 발표했다.[8] 이 문서는 창조 질서 보호를 위한 문서 중에는 가장 최근에 발표된 것이므로 그 내용을 좀더 자세히 살펴보는 것이 좋겠다. 전문 중의 중요한 부분들을 뽑아 인용하면 다음과 같다:

> 점점 확산되고 있는 자연 환경의 심각한 오염 상태에 대면하여 이제는 더 이상 지금까지와 같이 지구상의 자원을 소모해서는 안 되겠다는 것이 분명해졌습니다. 책임있는 위치에 놓여 있는 정치가들을 비롯해서 학자, 전문가들이 그 원인들에 대해서 계속 조사중입니다. …
>
> 성서의 여러 가지 표현들은 인간과 피조물이 어떠한 관계를 유지해야 하는가를 잘 밝혀주고 있습니다. 만약에 인간이 하느님의 계획으로부터 벗어나서 행동할 때 무질서를 유발하게 되고 이것은 피할 수 없이 다른 피조물에게 영향을 주게 됩니다. 만약 인간이 하느님과 평화를 유지하지 못하면 세상 전체가 평화를 가질 수가 없습니다. …
>
> 사람들은 우려하면서 이미 손상된 부분들을 다시 회복시킬 수는 없는지 질문을 던지고 있습니다. 이 문제를 해결하기 위해서는 단순히 경영 방법을 개선시킨다든가 지구상의 원 자원을 좀더 효율적으로 사용하려고 노력하는 정도로 될 수 있는 것이 아닙니다. 이러한 실질적인 문제에서 더 나아가서 심층에 자리잡고 있는 원인, 즉 윤리의 위기를 깊이 고려해야 하겠습니다. 현재 존재하는 생태계 위기의 여러 요소들이 윤리적인 문제에 원인을 두고 있습니다. 이중에는 학문과 기술의 발전을 분별 없이 적용시켜 온 것도 해당됩니다. …
>
> 몇 가지의 피해들이 이제는 더 이상 회복이 불가능한 상태에

---

8. *Wiener Diözesanblatt* 128 [Jahrgang Nr.1, Jänner 1990]; 〈가톨릭 신문〉 1990.1.1.

놓여 있지만 아직도 많은 종류는 그 심화되고 있는 피해를 줄이거나 그치게 할 수 있습니다. 개인과 국가 나아가 국제사회 모두가 책임의식을 심각하게 가질 필요가 생겼습니다. 생태계 위기가 인간의 윤리성과 깊은 관계가 있다는 것의 가장 현저한 표시는 바로 생명에 대한 경시에 있습니다. … 생명에 대한 존중과 인간의 존엄성을 귀중히 여기는 것이 학문과 경영과 산업의 건강한 진보의 영감받은 기초적 척도입니다. … 신학과 철학 그리고 학문은 우주가 서로 연결된 역동적인 균형 속에 종합되어 있음을 인정하고 있습니다. 바로 이 균형은 존중되어져야 합니다. 인간은 이 질서를 현명한 안목으로 연구하고 발견하여 그 균형이 잘 유지되는 범위 내에서 사용하도록 부름을 받은 존재입니다. 한편으로 지구는 모든 사람의 복지를 위해 골고루 사용되어져야 할 공동 유산입니다. 이것이 바로 우리가 언급해야 할 것을 지적해 주고 있습니다. 많은 사람들이 생존에 필요한 기본적인 것도 가지지 못한 채 고통을 받고 있는데 일부의 사람들이 재산을 끌어모아 특권을 누리면서 남용한다면 이것은 분명히 잘못된 일입니다. 우주는 하나의 균형을 가지고 있으며 지구는 모든 이에게 공동으로 주어진 유산이라는 관점에서 지구 위의 자원을 국제적인 차원에서 공동 관리를 해야 할 필요성이 있습니다. 자연 환경 문제의 여러 요소들이 국가적 차원을 넘어서고 있습니다. 그래서 그 해결책도 개개의 국가 내에서만 찾아낼 수가 없습니다. …

오늘날 많은 사람들이 자연 환경을 보호하기 위해 국제적 차원의 헌장을 인권과 관련해서 발표해야 한다고 말하고 있습니다. 이것은 각 국가간에 평화를 유지하는 데에도 꼭 필요한 요소입니다. 또한 세계 내에 존재하는 구조적 빈곤을 해결하지 않고는 생태계의 진정한 균형을 가질 수가 없다는 사실도 주시해야 합니다. …

현대 사회가 자신의 삶의 양태를 심각하게 고찰해 보지 않는다면 생태계의 문제를 해결하기 위한 올바른 해결책을 발견하기는 어려울 것입니다. … 그러므로 환경 보호를 위한 교육은 급히 필요한 요소입니다. 바로 자기 자신에 대한 책임의식, 이웃에 대해 그리고 자연 환경에 대해 책임의식을 키워가야 합니다. … 책임감을 가지도록 하는 올바른 교육은 생각과 행동 양식의 진정한 변화를 가져오는 데 있습니다. 이 교육에 대한 의무는 교회를 비롯해서 모든 종교들과 국가 그리고 사회의 모든 분야들이 지고 있습니다. 그러나 무엇보다도 어린아이가 그 속에 살면서 이웃과 자연을 사랑하도록 배우는 가정이 첫번째 의무를 지고 있습니다. … 선택의 자유를 가진 인격체 각자는 미래 세대의 복지를 위해서 질서를 유지시켜 나갈 어려운 책임을 지고 있습니다. 생태계의 위기는 바로 하나의 윤리적인 문제입니다. … 아씨시의 프란치스꼬 성인은 그리스도인들에게 피조물의 전체적 균형을 어떻게 존중해야 하는지 좋은 본보기를 보여주고 있습니다.[9] 가난한 자들과 피조물의 친구로서 그는 모든 짐승, 식물, 자연 그리고 해와 달을 하느님을 찬미하고 경배하는 것에로 초대했습니다. 하느님과 평화를 가지는 것이 민족들간의 평화와 분리될 수 없는 모든 피조물의 평화를 증진시키는 과제를 수행하는 데 지름길임을 우리는 아씨시의 포베렐로(Poverello)에서 확인할 수 있습니다. 그의 모범이 우리로 하여금 하느님으로부터 창조된 모든 좋고 아름다운 것들과 형제적 사랑을 나누는 정신을 항상 생생하게 가지도록 도와주기를, 또한 그것을 포괄적이고도 깊은 형제애로 존중하고 지켜가는 과제를 늘 상기시켜 주기를 바랍니다.

---

9. 요한 바오로 2세 현 교황은 1979년에 아씨시의 프란치스꼬 성인을 자연 환경 보호의 수호자로 선포했다. *AAS* 71[1979] 1509 이하.

교황 요한 바오로 2세는 평화의 날 담화문에서 9년 전보다 자연 환경 문제에 대해 훨씬 더 폭넓고 예리하게 언급하면서 아씨시의 프란치스꼬 성인의 영성과 삶을 환경 문제를 극복하는 표본으로 제시하고 있다. 교황 역시 현대인들이 이러한 자연 환경 문제의 위기를 맞아 지금까지 살아온 대로 계속 생각 없이 물질을 사용해서는 안된다는 의견에 강하게 일치하고 있다.

성서적 세계관에 의하면 인간이 하느님과 평화중에 있지 못하면 자연 역시 평화를 가질 수 없다. 환경 문제와 윤리 문제가 서로 얽혀 있는 것의 깊고도 커다란 표시는 바로 자연 환경에 부담을 주는 모든 행위들에서 볼 수 있는 생명에 대한 경외심 부족이다. 인간의 가치와 모든 생명에 대한 존중심은 경제와 산업 그리고 학문의 건강한 진보의 기준이다. 인류에게 우주의 질서를 탐구하고 유익하게 이용하기 위해 연구하는 것이 허용되어 있지만 그러나 그 질서가 파괴되지 않도록 해야 한다. 지구 전체는 하나의 공동 유산으로서 모든 인류에게 그 열매가 고루 분배되어야 한다. 그러므로 지구의 자원을 국제적 차원에서 공동으로 관리할 필요가 있다.

생태계의 위기가 어느 한 나라에 국한된 문제가 아니고 지구 전체의 문제이므로 각 민족들은 상호 새로운 유대감을 긴급히 필요로 하고 있다. 이러한 필요성은 국가간에 평화를 정착시킬 수 있는 좋은 기회를 제공하고 있다. 현대사회는 자신의 삶의 방법을 잘 검토하여 변화시켜야 한다. 자연 환경에 대한 책임감과 그에 필요한 의식을 계발해 나가는 교육을 긴급히 시켜나가야 한다. 이러한 관점에서 사회의 모든 분야가 각자의 처지에 따라 여기에 협력해 나갈 수 있다. 그중에서도 교황은 가정이 가장 기본적이고 첫번째의 교육장임을 강조하고 있다. 가정에서 먼저 아이들은 자연을 사랑하고 이웃을 존중하는 것을 배워가야 한다.

교황은 끝으로 아씨시의 프란치스꼬 성인을 표본으로 제시하면서 창조주와 평화를 가짐으로써 모든 피조물과 평화를 가진 성인의 삶과 영성을 짧게 언급하고 있다. 프란치스꼬 성인은 물질적인 청빈 속에서도 무척 풍부하고 기쁘게 자신의 삶을 살아갔다. 오늘을 살고 있는 우리 현대인들은 풍부한 물질적 공급과 수요에도 불구하고 성인과 같이 내적인 평화를 지니고 진정으로 기뻐하며 살고 있지 못하다. 우리는 하느님으로부터 오는 모든 것을 받아들이며 가장 작은 것에도 감사하며 그분을 믿고 자신을 맡겨 드리는 것을 잊어버리고 있다. 우리 역시 성인처럼 가진 것을 가난한 이웃과 나누면서 청정하게 살아간다면 진정한 내적 평화를 누리며 살아갈 수 있을 것이다. 이 내적 평화의 유지는 우리가 무엇을 소유하지 않는 것에보다도 어떠한 것에도 마음을 빼앗겨 집착하지 않는 것에 달려 있다.

5.10. 종합

이 문서들을 통해서 그동안 여러 단체와 개인들이 문제의 극복을 위해서 노력을 기울여 왔음에도 불구하고 자연 환경 문제가 지난 수십 년 동안 얼마나 급진적으로 증가되어 왔는지를 알 수 있다. 지난 25년 동안 이 문제는 경악할 정도의 크기로 성장되어 버렸다. 1990년 평화의 날에 발표한 교황 요한 바오로 2세의 친서가 이것을 현저하게 보여주고 있다. 만약 우리가 현 시점에서 이 문제의 극복을 위해서 심각히 노력하지 않는다면 그리고 우리의 그 노력이 성공을 거두지 못한다면 앞으로 다가오는 25년 동안에는 어떤 변화가 일어나겠는가? 교황과 주교의 문서들은 서서히 그리고 점점 더 빨라지는 속도로 증가되고 있는 이 문제들을 분명하게 보여주고 있다. 이들은 점점 더 증가되는 강도로 우리가 깨어나서 문제 극복을 위해 대처하도록 고무시키고 있다. 또한 이들은 지구상의 물질적 자원이 한정되어 있어 지금까지와 같은 방법으로 소모적으로 살아서는 안된다는 것을 상기시키고 있다. 우리는 이 자원을 우리 삶의 복지 유지를 위해서 사용할 권리가 있지만 그러나 지구 환경을 파괴시킬 권리는 없다. 우리는 인류가 살아갈 수 있는 유일한 장소인 이 땅 위에 후세대들도 그들의 삶을 구가할 수 있도록 건강하게 보존할 과제를 안고 있다. 그리고 물질적 부는 소수의 나라와 개인에 의해 소모적으로 사용되어지기보다는 모든 국가의 모든 사람들에게 골고루 분배되어야 한다. 전세계에 퍼져나가 있는 교회가 부를 분배하는 데 훌륭한 역할을 담당해 낼 수 있다.

자연 환경의 문제가 근본적으로 생명에 대한 존중심 결여에서 오는 것이므로 내적 사고의 변화를 일으킬 새로운 교육이 필요하다. 그러므로 사회의 모든 분야가 함께 공동 작업을 해나가야 한다. 그러나 교황 요한 바오로 2세가 강조하는 대로 무엇보다 각 가정에서 일차적으로 아이들에게 자연을 사랑하고 이웃을 존중하도록 가르쳐야 한다. 그렇게 하기 위해서 무엇보다도 성인 교육을 위한 광범위한 계획과 노력이 선행되어야겠다.

약 800년 전에 살다 간 아씨시의 프란치스꼬 성인이 현대 문제 극복을 위한 모범적 존재로 제시되었다. 그는 하느님께 전적으로 자신을 내어맡기면서 그리스도를 따르려 애를 썼고 모든 창조물 심지어 죽음까지도 사랑함으로써 한 사람이 어떻게 참된 삶과 잃어버릴 수 없는 행복에 도달할 수 있는지를 보여주었던 것이다.

6

제1부에 대한 종합적 고찰

제1부에서는 인류 전체가 현재 안고 있는 다양한 문제점들과 그것을 극복하기 위한 교회 안과 바깥의 노력들을 개괄적으로 살펴보았다. 이러한 고찰을 통해서 우리 인류가 미래를 희망할 수 있는 삶의 형태를 생각해 내어 그것을 살아가는 것을 알아보고자 하고 있다.

처음 도입부에서 벡시(Becsi)의 의견을 살펴보면서 인류의 역사 안에서 항상 존재해 온 선악의 갈등이 점점 증가되어 이제는 세계를 한꺼번에 파괴할 수도 있는 상황으로까지 전개되어 있음을 알게 되었다. 그러나 우리는 이 상황에서 절망하며 포기하기보다는 정확한 분석과 연구를 통해서 희망할 수 있는 방향으로 대처해 나가야겠다고 생각하고 있다. 진보라는 것은 인류가 그 안에 희망했던 것과 동일한 것, 즉 복지 증진과 평화 정착 등이 아니고 그것은 위험한 것 중에서도 가장 위험한 엄청난 힘의 집산이라는 것을 알게 되었다. 물질과 관련된 외적인 진보가 있는 반면에 또한 정신적인 것, 즉 내적인 진보가 있음도 알게 되었다. 우리는 그동안 외적인 진보가 가져다준 문명의 이기에 흥분한 나머지 각 개인의 내적이고 정신적인 삶의 중요성에 대해서는 소홀히하고 있었다.

현재 인류가 당면하고 있는 위기는 인류가 자신의 역사와 삶의 장을 인간애에 가득 찬 세상으로 만드는 데 실패하고 있는 것에서 유인되고 있다. 그러나 이러한 부정적인 측면에도 불구하고 우리는 인간의 생명에 대한 애착이 더 강하다는 사실을 알고 있다. 슈바이처의 의견에 의하면 인간은 자신 안에 본능적으로 생명에의 외경을 가지고 있다. 우리의 삶은 이 살고자 하는 의욕을 약화시키려는 세계를 거슬러 끊임없이 방어하고 생명을 키워 나가려는 노력의 연속이라고 볼 수 있겠다.

인류 역사의 각 장마다 고유한 과제가 있어 왔지만 오늘을 살고 있는 우리에게는 이제 더 이상 넘어설 수 없는 경계선에 직면한 인류 역사상 처음 경험하는 중대한 과제를 안고 있다. 우리의 후손들에게도 그들의 삶의 연속과 복지가 보장될 수 있도록 우리 안에 내재하고 있는 생명에의 애착을 발휘하여 필요한 조치들을 취해 나가야겠다. 이러한 필요성은 서구 유럽과 북미, 일본, 한국 등 산업사회들만의 문제가 아니라 개발도상국과 농업국 등 지구 위의 모든 나라에 해당된다.

현대 문명의 문제를 분석하고 극복하기 위한 교회와 여러 학자들의 의견을 앞에서 소개해 가면서 살펴보았다. 이러한 모든 노력들이 성과를 가져올 수 있으려면 무엇보다도 먼저 많은 사람들이 이 문제에 대해 관심을 가져야 하겠다. 많은 사람들이 아직도 자신이 놓여 있는 상황을 아는 데는 관심이 없는 채 계속해서 살아온 방식대로 삶을 엮어가고 있다. 선진 산업국에서는 지금까지 복지 증진을 향한 인간의 욕구 충족이 많이 이루어져 왔고 그 충족에의 욕구는 끝을 모른 채 계속 상승해 가고 있다. 더 좋은 자동차를 가족 수대로 구입하려고 애를 쓰기도 하고 체중 과다로 부과적인 병들이 따르는데도 더 좋은 음식을 더 많이 먹겠다고도 하며 고통을 감내하는 것이 싫어서 작은 두통 현상이나 그와 같은 종류에도 쉽게 약을 삼키고 있다. 물건을 더 많이 생산하고 판매하여 이익금을 많이 남기기 위해서 생산자들은 광고를 이용해서 소비자들을 끊임없이 자극하고 있다. 휴식이 되지 못하고 오히려 여독만 잔뜩 안고 돌아오게 되는 여러 종류의 단체 관광 여행에 분별없이 가능한 한 많이 참석하여 세계 방방곡곡 다 보겠다고 욕심을 부리는 자들도 많아졌다. 이들에게는 나의 이웃과 이웃 나라 사람들이 어떻게 살아가든 전혀 흥미거리가 되지 못한다. 나만 잘 살고 좋으면 된다는 식이다.

그러나 한편으로는 내적인 책임의식을 갖고 의식적으로 청빈하게 살면서 물질의 소모를 줄이고 가난한 사람들을 생각하며 삶의 양태와 사고를 수정해 나가려고 노력하는 사람들도 또한 많이 있다. 그들은 지금까지 살아온 방식과 길이 잘못되었으며 그 길이 인류를 파멸의 길 앞까지 몰고 왔다는 사실을 잘 알고 있다. 고도로 발달된 무기 산업과 축적되어 온 원자 폭탄, 지구 자원의 고갈과 어떠한 위협을 몰고 올지도 모르는 유전자 공학 등이 인류의 위기 상황을 대변해 주고 있는 것이다.

이러한 이미 깨어 있는 사람들이 그들의 넓은 시야와 이해력과 용기를 가지고 주변의 모든 사람들에게 간과되지 않을 표양들을 보여주면서 앞서 살아가는 것은 매우 중요한 일이다. 인류에게 해를 가져올 수 있는 위험한 생산품들에 대한 정보도 이들에 의해 이웃에게 전달되어져야 한다. 이들이 제공하는 정보들이 모든 사람들의 생활에 금방 어떤 구체적인 효과를 가져오지는 못한다 하더라도 일반적인 생각의 전환에서부터 서서히 공헌을 하게 될 것이다. 만약 어떤 한 개인이 혼자 힘으로는 상당히 미약하다고 생각된다면 지구 환경을 보호하려는 목적을 가진 단체에 일원으로 가입하여 함께 활동해 나갈 수 있을 것이다. 이러한 단체들의 크기와 힘이 충분하게 되어가면 마침내 정치가들도 영향을 받아서 자연 환경 보호와 그것을 교육시키는 정책들을 입안하고 수행해 나갈 것이다. 정치가들로 하여금 유치원에서부터 대학에 이르기까지 모든 교과 과정 안에, 청소년과 성인 교육 프로그램 안에 역동적인 삶의 구조와 지구 위의 모든 나라가 서로 상부상조하고 있다는 사실과 창조물 모두를 보호해야 한다는 사실 등을 알리는 프로그램을 넣도록 하여 국민 모두가 이 점을 잘 이해하여 서로 욕심내지 않고 상황에 적합하게 살아가도록 요구해야 한다.

여기서 교회는 포기할 수 없는 중요하고도 힘든 과제를 안게 되었다. 세계 안에서 교회가 구체적으로 어떤 역할을 담당해 나가야 하는지 분명해지고 있다. 교회는 전세계 안에 퍼져 있는 그의 조직체를 이용하여 정보와 경험을 상호 교환하게 할 수 있으며 어린이에서부터 노인에 이르기까지 폭넓은 층에 실질적인 교육을 실시해 나갈 수 있다. 교회는 또한 긴급한 문제들에 신속하게 대처할 단체들을 구체적인 활동에로 불러모을 수도 있겠고 각 방면의 전문가들과 협력하여 교육과 그외 여러 가지 일들을 계획하고 수행해 나갈 수 있겠다. 무엇보다도 교회는 인간에게 그들의 피조성과 모든 다른 피조물들에 대한 책임감을 가르쳐 주어야 한다. 교회는 또한 이 모든 것을 생태계 유지의 필요성에 의해서만이 아니라 그리스도교적 윤리성에 의해서도 시행해 나가야 한다. 교회는 모범을 보이는 산 위에 있는 도시처럼 내적 진보에로 나아가는 데 큰 역할을 할 수 있다. 교회는 또한 근시적인 안목에서 벗어나서 장기적으로 내다볼 수 있도록 새로운 경제 윤리 개발에도 함께해 나갈 수 있다.

교회는 심화되는 전문화 과정에서 현대인이 좁은 시야에 머물지 않고 전체의 상호 연관성을 파악할 수 있도록 시야와 마음을 열어 주어야 한다. 또한 현대사회는 교회가 소외된 자들과 약자들의 대변인이 되어줄 것을 요청하고 있는데 생태계 파괴의 위협을 받고 있는 자연 환경 역시 피보호자의 영역에 속한다. 일반 자연 법칙과 사회 법칙과 구원의 진리가 상호 협조, 일치하는 관계로 맺어져야 한다. 어느 하나도 빠져서는 안될 중요한 요소이다. 하느님은 예수 그리스도 안에서 "우리와 함께하는 하느님"으로서 우리에게 지성과 자유를 주어서 피조물을 합리적으로 개발하고 보호하도록 위임하셨다.

성서의 "번성하고 다스리라"는 인간에게 주어진 과제를 우리는 긍정적으로 받아들여야 하겠다. 그러나 이 과제는 피조물을 파괴해도 좋다는 것이 아니고 보호하고 가꾸라는 의미를 함축하고 있다. 파괴되어 버린 피조물을 다스린다는 것이 가능한 일이 아니며 하느님이 아름답게 만들어 놓은 이들을 파괴할 수 있는 어떤 권리도 인간은 가지고 있지 않다.

다행히도 Green Peace와 같은 환경 보호를 위한 단체들과 개인의 움직임이 일부 국가에 한정되어 있지만 활발히 전개되고 있다. 그리고 점점 더 많은 젊은이들이 이러한 단체와 운동에 가입하는 등 자연 환경 보호에 눈을 떠가고 있다. 이러한 모임과 운동들이 단순히 하나의 유행에 머문다든지 또는 지나치게 과격화되지 않도록 교회가 장기적인 안목으로 지도하고 이끌어 나가야 할 것이다.

인간만이 자신의 삶의 환경을 이루어 나갈 수 있는 유일한 존재이다. 그러나 그는 하느님이 설정하신 경계선을 넘어서지 않도록 절제를 지켜 나갈 과제를 안고 있다. 그런데 인간이 파괴적인 존재로 남는 어떤 물건을 만들어 파괴된 부분을 다시 회복시키지 못하거나 책임을 지지 못할 때 그것은 분명히 이 경계선을 넘어선 것이다. 그러므로 인간은 건강한 미래가 보장될 수 있는 적합한 삶의 양태를 개발하고 유지해 나가도록 노력해야 한다.

교황과 주교의 문서들에서 지난 25년간 피조물의 보호와 건강한 삶의 장과 생명체의 유지를 위한 염려들이 얼마나 많이 증가되어 왔는가는 현저히 알 수 있었다. 생각과 삶의 방식을 전환할 것을 말하는 회개의 요청은 점점 더 강해지고 있다. 20세기를 살아가고 있는 현대인은 그 이전에 살다가 간 모든 세대들보다 훨씬 더 많은 책임을 부여받고 있다. 왜냐하면 현대인은 오늘날 자연 질서 안에 이미 깊이 파고들어가 있어서 상당히 강한 책임의식과 새로운 윤리의식으로 무장되어 있어야 자의적으로 파괴적인 행동을 해 나가지 않을 것이다. 또한 통신과 교통의 발달로 오늘날 발생하는 모든 종류의 긍정적인 요소와 부정적인 요소들이 다 함께 매일 전달되어 오기 때문에 그것을 분별해 낼 수 있는 지혜를 가지고 있어야 한다. 지속적으로 지구상 어디에선가 발생되고 있는 전쟁, 자연 재해, 인공 재해, 기아 등에 신속히 대처하여 그 고통을 줄이기 위해 최선을 다하지 않는다면 분명히 우리는 우리의 책임을 다하고 있는 것이 아닐 것이다. 모든 것을 현명히 해나갈 수 있기 위해서 사고의 전환과 새로운 안목이 요청되고 있다.

금세기를 살다 간 큰 문화 비평가, 신학자들 중의 한 사람인 로마노 과르디니는 새로운 안목을 갖는 데 도움이 될 여러 가지 제의와 격려들을 했다. 그러므로 제2부에서 그의 삶과 생각들과 가르침 그리고 제언들을 살펴보기로 하자. 그는 살아 있을 당시 예언자적 문화 비평가였으며 사고의 전환을 가져오는 데 많은 도움을 준 사람이었다. 현대 문명의 문제를 극복해 나갈 힘과 능력을 갖추어 건강한 미래의 삶을 보장해 나갈 수 있는 방향으로 나아갈 수 있기 위해 그의 가르침을 익히고 실천에 옮겨가도록 노력해 보자.

〈제 2 부〉

로마노 과르디니:
예언자적 현대 문명 비평가

제1부에서 살펴본 대로 이미 적지 않은 수의 자연과학자, 인문 사회과학자, 정치가들뿐만 아니라 교황, 주교 및 신부들도 새로운 현대 문명이 안고 온 문제들의 극복을 위해서 노력해 왔다. 현대 문명의 문제는 갑자기 생긴 일이 아니라 그동안 시간 속에서 복잡 다양한 원인들에 의해 서서히 축적되어 왔으며, 우리는 이미 이 문제들이 야기시켜 놓은 많은 불편함들 속에 살아가고 있다. 이러한 문제들의 수많은 복합적인 원인 뒤에는 최종 원인으로서 인간이 도사리고 있고, 그 결과도 일반 생명체와 더불어 인간이 피할 수 없이 함께 고통받아 가며 생존을 유지하고 있는 것이다.

 이 문제의 극복을 위한 노력의 일환으로 이미 앞에서 언급한 대로 로마노 과르디니의 세계관과 인간관, 현대 문명에 대한 사고 및 새로운 방향 제시를 고찰해 보면서 가능하면 많은 사람들이 미래를 희망할 수 있는 삶의 방식에로 나아가도록 고무시키고자 한다. 19세기 말엽에 태어난 그는 현대 문명의 문제가 시작되는 부분부터 거의 함께 체험하면서 다른 사람들이 이 문제의 심각성을 의식하기도 이전에 예언자적인 안목으로 문제의 가능성을 주시하고 그 위험성을 경고해 왔다. 그는 이탈리아 사람으로 태어나서 독일에서 자라면서 두 개의 세계를 깊이 살아 일찍부터 문화에 대한 의식이 싹터 왔다. 또한 낭만파 시대에서부터 기초산업사회에 이르기까지 살면서 1차, 2차 세계대전의 물질적·정신적·파괴적인 불합리를 함께 고통스러워하면서 이 문제에 대해서 깊이 고찰했다.

1985년 2월 17일, 그의 탄생 100주년을 맞이하여 그의 생애와 저서에 대한 관심이 다시 많이 높아졌다. 그가 살아 있을 때 수많은 사람들이 그의 강의를 경청하고 감동했으며 그의 많은 책들도 수없이 읽혀졌다. 그는 그리스도인들에게뿐만 아니라 비그리스도인들에게까지 삶의 방향을 제시해 주는 지도자였다. 발터 사이델은 다음과 같이 말하고 있다:

> 인권을 쉽게 유린하고 하느님을 잊어버린 혼란스러운 우리 시대에 적지 않은 사람들이 다시 과르디니의 생각으로 관심을 돌려서 하느님과 예수 그리스도를 받아들이며 인간의 손상될 수 없는 가치를 존중하는 것은 희망적인 표시이다.[1]

그러므로 21세기를 맞이하는 시점에서 현대의 긴급한 문제들의 원인을 분석하고 희망을 가질 수 있는 해답을 구하기 위해서 로마노 과르디니의 사상을 살펴보면서 그것을 응용하여 우리 시대에 각자가 처한 위치에 맞는 생각과 행동을 선택해 낼 수 있다면 이 작업은 큰 의미를 가지고 있다고 할 수 있겠다.

---

1. W. Seidel 편 *Christliche Weltanschauung; Wiederbegegnung mit Romano Guardini* [Würzburg 1985] 8.

1
생애와 저서

1.1. 생애

로마노 과르디니는 1885년 2월 17일 이탈리아 베로나에서 네 명의 자녀 중 맏이로 태어났다.[1] 그의 아버지 로마노 툴로 과르디니(Romano Tullo Guardini; 1857년 베로나에서 탄생, 1919년 독일 마인쯔에서 사망)는 무역에 종사하는 상인으로서 로마노 과르디니가 한살 되던 해인 1886년 독일 마인쯔로 이사를 했다. 그의 가족은 마인쯔에서 1915년까지 거의 30년간 머물러 과르디니는 독일 문화를 깊이 습득하게 되었다. 그의 어머니 파올라 마리아(Paola Maria; 1862년 티롤 남부 지방 뻬에베에서 탄생, 1957년 이졸라에서 사망)는 가족에게 이탈리아 정신을 강하게 심어 주었다.

마인쯔에서 과르디니는 독일 국민학교와 인문 중고등학교를 다녔다. 그러나 가정에서는 이탈리아 식의 문화를 유지하고 있었다.[2]

집에서는 이탈리아 언어와 관습으로 말하고 살아가는 동안에 학교에서는 독일어와 그 문화를 배우면서 자랐다.[3]

---

1. F. Messerschmid, "Romano Guardini": W. Heist, *Romano Guardini. Der Mensch. Die Wirkung und Begegnung* [Mainz 1979] 10; H.-B. Gerl, *Romano Guardini 1885~1968. Leben und Werk* [Mainz 1985] 17.
2. M. Marschall, *In Wahrheit beten: Romano Guardini – Denker liturgischer Erneuerung* [St. Ottilien 1986] 7.
3. R. Guardini, *Stationen und Rückblicke* [Würzburg 1965] 12.

이러한 주변 환경에서 과르디니의 후대 저서와 활동에서 드러나는 개성들이 형성되어 갔다. 과르디니 스스로는 내적으로 독일인의 정신을 강하게 느껴 왔지만 이탈리아와 연관된 외적인 요소를 포기하지는 않았다.[4] 그래서 그는 자신의 정신세계의 통일을 가지기 위해서 이 두 세계의 다양성들을 하나로 종합해 낼 것을 과제로 부여받고 있었다.[5]

이러한 두 세계 속에서 자신에게 다가오는 모든 것을 소화해 나가야 했던 과르디니는 고등학교를 마칠 때까지 그렇게 행복하지는 못했다. 그는 그 기간에 대해 다음과 같이 말하고 있다.

> 이후에 펼쳐진 것은 이미 유년 시절에 싹이 터 온 것이라고 간주할 수 있겠다. 그러나 이 시기는 나에게 있어서 모든 것이 망각 속에 잠겨 있었다. 어린 시절이 행복했다는 느낌과 그 시절로 돌아가고 싶다는 생각은 전혀 가져본 일이 없다.[6]

1903년 8월 7일에 열여덟살이던 과르디니는 인문계 고등학교 졸업시험을 마쳤고 이후부터 약 2년간에 걸쳐 자신이 일생동안 종사하게 될 직업을 찾는 일로 방황하게 된다.

우선 먼저 그는 고등학교 동료와의 우정에 자극을 받아 그 동료가 시작한 화학 공부를 튀빙겐 대학에서 시작하게 되었다. 그러나 화학 공부는 그의 적성에도 취미에도 맞지 않아 두 학기가 지난 후 또다시 다른 동료 칼 노인되르퍼(Karl Neundörfer)의 영향을 받아 뮌헨에서 경제학을 공부하게 되었다. 이 공부 역시 짧게 끝나고 말았지만 이 두 종류의 짧은 공부는 그가 이후에 현대

---

4. *Station* 13; H.-B. Gerl, *Romano Guardini 1885~1968* 93 이하.
5. M. Marschall, *In Wahrheit beten* 7.
6. *Berichte* 58 이하.

기술 문명에 대해 염려하는 데 눈을 뜨는 초석이 된 것은 사실이
다. 이외에도 이 기간 동안 그는 문화와 예술에 대해서도 지대한
관심을 가져 대도시인 뮌헨과 베를린이 제공하는 온갖 종류의 연
극과 음악 연주를 자주 찾았다. 이러한 경험들은 그가 문화에 대
해 풍부한 식견을 가지는 데 큰 도움이 되었을 것으로 짐작이 된
다. 전통적인 가톨릭 집안에서 태어나 그 부모로부터 물려받은
신앙의 형태 속에서 살아온 과르디니는 뮌헨의 자유 분방한 도시
분위기에서 종교적 위기를 겪게 된다.[7] 이러한 과정을 겪는 중에
유아적 상태에 머물러 있던 그의 신앙이 성숙하게 되어 하느님이
계시다는 것과 사람은 자신의 삶을 내어줄 때 자신도 건지게 된
다는 것을 깨닫게 되었고 이 깨달음은 그에게 일생 동안 따라다
니게 된다. 이 기간 동안에 그는 하느님께 자신을 온전히 바칠
것을 결심하게 되었다. 그는 1906년 겨울 학기부터 프라이부르
그에서 신학 공부를 시작하여 튀빙겐에서 1907년에서 1908년까
지 세 학기를 공부하면서 사제 길에 대한 자신의 길을 확인하게
되었고 이후 한번도 이것을 후회해 본 적이 없다.

> 프라이부르그와 튀빙겐에서의 2년간은 과르디니의 삶에서 결정적
> 인 시간이었다. 그는 신앙 안에서 그의 삶의 바탕을 찾은 뒤 이
> 제는 이후에 행하게 될 모든 활동의 발판을 얻게 되었다.[8]

튀빙겐에서 공부하던 세 학기 동안은 과르디니에게 공부에 대한
흥미를 불러일으키면서 행복했던 시기였다. 아름답고 작은 옛 도
시의 풍경과 주변의 시골 풍경, 자신이 들어 있던 예쁜 하숙방,
그리고 착한 사람들, 이 모든 것이 함께 작용하고 있었고, 여기

---

7. F. Messerschmied, *Guardini* 13; *Berichte* 67-69.
8. M. Marschall, *In Wahrheit beten* 10.

서 그는 정신적으로 깨어나 자신을 의식하게 되면서 독립성을 키워 나갔다.[9]

이 기간에 그는 튀빙겐 대학 이외의 세계에서는 도나우 계곡에 있는 보이론(Beuron) 베네딕도회 대수도원과 접촉이 많았다. 이 수도원의 전례 생활에서 받은 깊은 감동은 이후 그를 일약 당대의 유명한 전례 운동가로 부각시킨 〈전례의 정신으로부터〉(*Vom Geist der Liturgie*)란 책으로 승화되어 제2차 바티칸 공의회의 전례 개혁에 큰 영향을 주었다. 보이론 수도원의 수도생활에 심취해 들어간 그는 이후 재속 신부로서 수도회 정신을 함께 나누는 협조자가 되어 베네딕도회 수도원의 청빈, 동정 그리고 순명 정신을 살아갔다.

또한 이 기간 동안 문화 철학에 대한 그의 이해의 폭이 깊고 넓게 성숙해 가고 있었으며 그것은 1911년에 간행된 그의 조그마한 잡지에서 벌써 나타나고 있다.[10] 그는 현대 기술 문명의 발전을 거부하지 않고 오히려 깊은 흥미를 가지고 그것이 가져다주는 이점을 기꺼이 사용했다. 이 점은 그가 사제 서품 직후에 당시로서는 최신식의 비싼 사진기를 구입하여 사용한 것으로 보아도 미루어 짐작할 수 있겠다. 그는 특히 영화와 연극을 좋아했으며 뮌헨과 베를린 등 대도시가 제공하는 기회를 사양하지 않았다. 아무튼 그의 이러한 기술 문명과 문화에 대한 관심은 깊은 이해와 나중에 미래 세계에 대한 예언자적 염려로 옮겨져 갔다.

1910년 5월 28일 과르디니는 마인쯔 주교좌 성당에서 크리스타인(Kristein) 주교로부터 사제 서품을 받았다. 사제 서품 후 그

---

9. H.-B. Gerl, *Romano Guardini 1885~1968* 52; F. Henrich, "Leben, Persönlichkeit und Charisma Romano Guardinis": J. C. Ratzinger 편 *Wege zur Wahrheit* [Düsseldorf 1985] 12; *Berichte* 79.
10. M. Marschall, *In Wahrheit beten* 11.

는 헤펜하임(Heppenheim), 다름슈탓트(Darmstadt), 보름스
(Worms) 그리고 마인쯔(Mainz) 등지에서 보좌신부로 지냈다.[11]
1912년에 그는 공부를 계속하기 위해 프라이부르그로 가서 요셉
프링스(Josef Frings), 마르틴 하이데거(Martin Heidegger) 등과
동료가 되었다. 1915년 봄에 그는 〈성 보나벤뚜라의 구원론 연
구〉란 제목의 논문으로 박사 학위를 받았다.[12]

그 이후 교구로 다시 돌아온 과르디니는 계속해서 보좌신부로
있다가 이후 그의 영향력이 크게 미치게 되는 청소년 운동의 본
산인 유벤투스(Juventus)의 지도신부가 되어 서서히 그의 정신적
인 역량을 펼쳐 나갔다. 제1차 세계대전 직후에 가톨릭 교회는
내부의 쇄신을 위해서 희망적으로 움직여 갔으며 이 시기에 과르
디니는 〈전례의 정신으로부터〉란 책을 발표해 일약 유명하게 되
었다. 당시만 해도 그가 사용한 단어인 "전례의 놀이"란 생소한
생각으로서 교회 내에 신선한 바람을 몰고 왔다. 젊은 층에서 많
은 호응이 있었고 당시 유명했던 철학 교수 막스 쉴러(Max
Scheler)와 여러 사람들이 그에게 교수 자격 논문을 쓸 것을 여러
차례 권고해 왔었다.

1920년에 교수 자격 논문(Habilitation)을 쓰기 위해서 본으로
간 과르디니는 이곳에서 마르틴 부버, 쉴러 등 당대 학계의 여러
유명 인사들과 친하게 지내면서 게하르트 에서(Gerhard Esser)
교수의 지도하에 보나벤뚜라에 대해 연속해서 논문을 썼다. 논문
을 쓰는 이외에 그는 켄터베리의 안셀모에 대해 본 대학에서 강

---

11. *Berichte* 94-102; H.-B. Gerl, *Guardini* 79-83; M. Marschall, *In Wahrheit beten* 12; F. Henrich, *Leben, Persönlichkeit und Charisma Romano Guardinis* 12.
12. 이 논문은 몇년 후 다음과 같은 제목으로 출판되었다: R. Guardini, *Die Lehre des Heil. Bonaventura von der Erlösung. Ein Beitrag zur Geschichte und zum System der Erlösungslehre* [Düsseldorf 1921].

의도 했으며 전례학에 대한 정기 간행물도 오도 카셀(Odo Casel)과 함께 잠시나마 간행했었다.

교수 자격 논문이 끝나던 1922년부터 그는 본 대학에서 교의 신학을 가르치기 시작했고 마치 막혔던 봇물이 터져나오기나 하듯 수많은 책을 쓰고 다양한 특강들을 했다. 그의 특강 "교회의 의미"를 들은 당시 독일 문화부 장관의 주선으로 "종교 철학과 그리스도교적 세계관"이란 그를 위해서 신설한 강좌를 개신교와 비그리스도교적 분위기가 팽배해 있던 베를린 대학에서 강의하기 위해 베를린으로 가서 신학과 철학 사이에서 그의 역량을 발휘하기 시작했다.

이곳에서 그는 "하느님과 세계"란 강의에서부터 시작하여 매 학기마다 다른 주제로 폭넓고도 다양한 강의를 전개해 나갔다. 소크라테스, 아우구스티누스, 단테, 셰익스피어, 파스칼, 횔덜린, 키에르케고르, 도스토예프스키, 니체, 뫼리케, 라아베, 릴케 등이 그가 이 무렵 강의했던 주제였는데 이들의 입장에서 그는 그리스도교를 바라보았으며 그 반대로 그리스도교적 입장에서 그들을 보면서 비교 고찰하였다. 베를린 대학의 모든 학부에서뿐만 아니라 베를린 지역 개신교와 현세주의적 사고에 젖어 있던 젊은 지성인들도 그의 강의실을 꽉 채웠다.

강의 이외에 그는 제2차 세계대전 이전의 독일 젊은이들에게 큰 영향을 주었던 "청소년 운동"에 심혈을 기울여 이 운동은 가톨릭 교회 내부의 범위를 벗어나 일종의 문화적 차원으로까지 번져나갔다.

1933년 이후 과르디니는 나찌 당원들의 감시를 받아오다가 1939년 1월 그들에 의해서 "종교 철학과 그리스도교적 세계관"이란 제목의 강의를 금지당하고 만다. 그 이후 그는 오랜 기간 동안 지속된 과로에서 일시적인 휴식을 취하면서 다른 종류의 강의들 — 예를 들자면 "자유, 은총, 운명" — 을 비정규적으로 했다. 베를린에 대한 연합군들의 폭격이 격화되자 1943년에 다정한 친구가 본당신부로 있는 모스하우젠(Mooshausen)으로 옮겼다. 여기서 저술된 그의 책은 나찌당에 대한 고찰 〈신화 속의 구원자〉와 〈계시와 정치〉가 있고 친구의 권유에 의해 그때까지의 자신의 삶과 활동을 간추려 쓴 자서전이 있다.

전쟁이 끝나자마자 튀빙겐 대학에서는 그를 위해 "종교 철학과 그리스도교적 세계관"이란 강좌를 신설하였다. 프라이부르그 대학에서는 하이데거가 가르쳐 온 자리를 그에게 제공했으나 그는 받아들이지 않았다. 1948년에 그는 뮌헨 대학으로 옮겨 같은 종류의 강의를 지속해서 했다. 전쟁에서 돌아온 젊은이들로 그의 강의실은 넘쳐서 대학에서 1천 명이 더 들어갈 수 있는 가장 큰 강의실을 제공했으나 뒤쪽에는 여전히 서서 듣는 학생들이 많았다. 그는 의식적으로 윤리와 인간학에 대해서 강의를 했으며 전후 사람들에게 사고의 전환이 일고 있음을 감지하게 되었다. 그는 특히 기술 문명의 진보와 그것과 연관된 모든 종류의 사고를 비판적으로 고찰하는 데 관심을 쏟았다. 이러한 그의 관심과 밝은 사고력은 1950년에 〈근세의 종말〉, 1951년에 〈권력〉이란 책을 세상에 나오게 했다. 이들 저서 안에 그는 현대 문명의 문제에 대한 자신의 예언자적 견해를 밝혀 놓았다. 다음 장들에서 그 내용을 좀더 상세히 살펴보도록 한다.

제2차 세계대전이 끝나자 과르디니는 여기저기에서 강의와 강연을 위한 많은 종류의 초청을 받아 열심히 일을 해나갔다. 이 무렵 그가 처한 상황에 대해서 일기장에 다음과 같이 적고 있다:

산더미같이 초청과 질문들이 쌓여 있다. 로마, 브뤼셀, 파리, 멕시코, 쾰른, 쮜리히, 투린 등등 ⋯ 나는 정말 이 시대를 이끌어

가는 지도층에 속하는 것 같다. 그러나 이것은 소름이 끼치는 일
이다. 이 모든 것을 내가 다 감당해 낼 수는 없다.[13]

그에게는 고통스럽게도 과르디니는 이 시대의 유행이 되어버렸
다.[14] 뮌헨 대학 성당에서 그는 매 주일 성당을 메운 청장년들과
미사를 봉헌했으며 그의 강론은 이들에게 용기와 힘을 불어넣어
주었다. 뮌헨은 그의 종반기를 보낸 마지막 도시가 되었다.

1955년부터 과르디니는 건강에 심각한 이상을 느끼기 시작했
으며 몇 차례의 입원과 수술을 되풀이하면서 1962년에 대학 강
좌로부터 은퇴했다. 과르디니의 강좌를 이어받은 사람은 칼 라너
(Karl Rahner)였다.

과르디니는 1968년 8월에 비서의 부축을 받으며 이탈리아 고
향을 마지막으로 방문한 후 10월 1일 83세를 일기로 뮌헨에서
자신의 생애를 마쳤다. 됩프너(Döpfner) 추기경을 비롯한 수많은
사제, 친구, 제자, 독자들이 그의 장례식을 메웠다.

과르디니 자신이 창립 위원이었던 바이에른의 가톨릭 아카데미
는 1970년에 해마다 수여하는 "로마노 과르디니 상"을 제정했
다. 1976년에 후배들은 그가 남겨두었던 논문들과 편지를 모아
서 〈그리스도인의 존재〉와 〈친구들에게 보내는 신학적 편지들〉을
출간했다. 여기서 과르디니는 무한하신 하느님에 대한 피조물의
유한성에 대한 문제에 답을 구해보려고 고뇌했으며 기술 문명의
진보에 대한 그의 염려도 표현하고 있다.

---

13. *Wahrheit des Denkens und Wahrheit des Tuns. Notizen und Texte 1942~1964.* Aus nachgelassenen Aufzeichnungen hg. von F. Messerschmid [München – Wien – Zürich 1980] 719.
14. W. Dirks, "Romano Guardini": H. J. Schultz 편 *Tendenzen der Theologie des zwanzigsten Jahrhunderts. Eine Geschichte in Portraits* [Stuttgart 1966] 248 이하.

1.2. 저서

과르디니가 저술하여 출판한 책은 주제들이 각기 다양한 백여 권에 이르는데, 그중에 문화 비판과 관련이 있는 책들을 선정해서 연도별로 소개하면 다음과 같다:

1918 Vom Geist der Liturgie.

1921 Die Lehre des hl. Bonaventura von der Erlösung (Guardinis Dissertation von 1915).

1924 Briefe aus Italien(1-6). – Einzelbeiträge für die Schildgenossen, 1927 in Buchform, als Briefe vom Comer See.

1925 Der Gegensatz. Versuche zu einer Philosophie des Lebendig – Konkreten.

1930 Vom Lebendigen Gott.

1937 Der Herr. Betrachtungen über die Person und das Leben Jesu Christi. (1933~1934 bereits in Einzelaufsätzen erschienen.)

1938 Das Wesen des Christentums.

1939 Welt und Person. Versuche zur christlichen Lehre vom Menschen.

1946 Der Heilbringer in Mythos, Offenbarung und Politik. Vision und Dichtung. Der Charakter von Dantes Göttlicher Komödie.

1948 Freiheit, Gnade, Schicksal. Drei Kapitel zur Deutung des Daseins.

1950 Das Ende der Neuzeit. Ein Versuch zur Orientierung.

1951 Die Macht. Versuch einer Wegweisung.

1962 Sorge um den Menschen, Bd. I(Aufsatzsammlung). Sprache, Dichtung, Deutung.

1963 Unterscheidung des Christlichen. Gesammelte Studien 1923~1963, 2. stark erweiterte Auflage.

1966 Sorge um den Menschen, Bd. II(Aufsatzsammlung).

1976 Die Existenz des Christen (aus dem Nachlaß). Theologische Briefe an einen Freund (aus dem Nachlaß).

2

세 계 관

제2부의 2~3장에서 과르디니의 세계관과 인간학을 고찰해 보고자 한다. 그의 세계관과 인간학을 이해하려는 노력은 그의 현대 문명에 대한 고찰과 비판을 좀더 잘 이해하기 위한 준비작업에 속한다. 그의 세계관과 인간학에 큰 무리 없이 동감할 수 있기 때문에 세계와 인간에 대한 이해의 폭을 넓히고 동시에 인간 지성이 이해, 파악할 수 있는 가능성과 한계성도 아는 데에 도움이 될 수 있기 때문에 적지 않은 지면을 여기에 주저없이 할애하기로 한다.

그가 자신의 자서전에서도 밝히고 있듯이 그는 진리를 탐구하는 데 자신의 모든 시간과 정열을 바쳐 왔으며 그가 원한 것은 바로 진리를 아는 것이었다. 그것의 일환으로 세계와 인간이 무엇인가에 대한 질문에 옳은 대답으로 접근해 가려고 노력했다. 인간 삶의 유일한 장인 세계를 올바로 이해하는 것은 미래를 희망할 수 있는 삶으로 현 세계를 보호하고 증진시켜 나가는 데 큰 도움이 될 수 있을 것이다.

그의 세계에 대한 이해는 전통적인 존재론적 입장에만 기초를 두고 있는 것이 아니고 현상학적인 입장도 바탕에 깔고 있다. 그는 당시만 해도 아직까지 각자의 영역 안에 분리되어 있던 존재론과 현상학적인 세계관을 자신의 사고 안에서 종합해 내려고 시도했다. 그의 노력이 무위로 끝나지 않았음을 다음의 전개에서 우리는 알게 될 것이다.

2.1. 세계에 대한 이해

"세계"(Welt)란 말은 여러 가지 뜻을 함축하고 있다. 과르디니는 세계란 개념을 세 가지 측면으로 분석하고 있다: 원래의 세계 그 자체(die Welt an sich), 경험 세계(die Erfahrungswelt) 그리고 존재 세계(die Existenz Welt).[1] 원래의 세계 그 자체란 존재하는 모든 것과 그 사물들의 질서까지 포함하는 전체이다. 이것은 인간의 경험 세계와 상관 없이 독립되어 있는 사실 자체, 즉 순수한 객관을 의미한다.[2] 이 원래의 세계 그 자체는 인간의 의식 속에 파악될 수 있는 것이 아니다. 이 객관적인 원래의 세계를 파악하기 위해서는 그것을 있는 그대로 왜곡시키지 않고 반영해 주는 것이 필요한데, 인간의 관찰은 순수한 객관성을 띠는 것이 아니라 자신 삶의 영역 안에서 이루어지는 것이기 때문에 관찰자는 관찰하는 행위 안에 자기 자신의 사고 경향을 계속해서 첨가하게 된다. 과르디니는 이 점에 대해서 다음과 같이 설명하고 있다:

> 우리의 오관과 인식력은 세계의 특정한 부분에만 반응을 보인다. 즉, 그들의 파악 능력에 일치하는 정도의 크기와 특질들만 수용한다. 빛이나 소리도 특정한 범위의 파장과 진동수만이 우리에게 감지되고 있는 것이다. 감동되는 것도 그 범위가 정해져 있고 우리의 오관과 지성의 능력을 초월한 어떤 것이 존재하는 것이다.[3]

그러므로 인간 의식 속의 세계는 원래 세계 자체는 아닌 것이다.

---

1. L. Börsig – Hover, *Das personale Antlitz des Menschen: eine Untersuchung zum Personbegriff bei Romano Guardini* [Mainz 1987] 25; H. Kleiber, *Glaube und religiöse Erfahrung bei Romano Guardini* [Freiburg im Breisgau 1985] 105.
2. *Existenz* 478.
3. *Gegensatz* 192.

경험 세계는 인간의 오관과 인식 능력, 느낌 그리고 가치 척도 등이 받아들인 사건과 사물의 모습이다. 객관적인 세계가 오관을 통해서 들어오는 것을 개인은 그의 지금까지 살아온 방식과 선호도에 따라 의식 속에 취할 것은 취하고 버릴 것은 망각한다. 여기서 그의 개성이 쌓여 가면서 한쪽 방향으로 치우쳐 간다. 그러므로 경험 세계에는 여러 종류가 있다. 이 세계는 나이, 성별, 직업, 나라 그리고 시대 등에 따라서 다를 수 있고 또한 학문, 예술, 사회, 경제 등에 따라서도 다를 수 있다.

경험 세계는 인간과 사물의 지속적인 만남에서 발생되고 있다. 그러나 이 경험 세계는 칸트가 말하는 "사물 자체"(Ding an sich), 즉 객관적인 실제 세계의 모습을 제한된 범위 내에서이지만 반영하고 있다. 그렇지만 그것은 객관적인 세계를 순수하게 그 모습 그대로 반영하는 것이 아니라 인간의 오관, 생각, 목적, 위치 선정, 느낌 등에 따라 파악되어 제시된 모습인 것이다.[4]

이 경험 세계가 각자가 자의적으로 구성하는 환상적이고 진지하지 않은 순수히 주관적이기만 한 것은 아니다. 그것은 객관적인 실제 세계의 모습을 반영하고 있는 것으로서 가치있는 것과 진실한 것을 그렇지 않은 것과 구분해 낸다. 인간의 지성이 가진 학문적·문화적 비판 능력은 틀린 것과 옳은 것, 허위와 진실, 가치 없는 것과 가치 있는 것을 구분해 낸다. 그러나 그것은 결코 순수한 객관적인 실제 세계의 모습이 아니고 경험된 세계, 인간의 삶 안에 들어온 객관적 실제 세계이다. 인간의 의식 안에 경험 세계의 다양한 상호 관계들이 많이 들어올수록 그 경험 세계는 좀더 객관 세계에 가까울 수 있다. 과르디니는 다음과 같이 서술하고 있다:

---

4. *Existenz* 479 이하.

가장 이상적인 것은 외부 세계의 모든 것을 알아내어 경험하고 정리할 수 있는 종합적이고 주체적인 인격체가 되는 것이다. 그런데 이러한 인격체란 하느님 이외에는 없다. 하느님의 인식 능력은 당연하게도 우리 인간의 인식 능력을 훨씬 더 초월한다.[5]

존재 세계(die Existenzwelt)란 인간이 모든 존재의 중심으로 느끼는 세계, 인격체적인 요소와 직접적으로 연관성을 가진 세계를 말한다.[6] 이것은 크고 강한 정신, 즉 생명력이 활발한 천부적인 재능을 지닌 인격체만이 아니라 모든 종류의 인격체와 관련을 가진 세계를 말한다.

존재 세계는 두 가지의 중요한 핵심을 가진다. 하나는 유일성과 인격적인 자유와 책임을 가진 "나" 자신이고 다른 하나는 이러한 "나"가 그 속에서 살고 만나는 모든 사물들이다. 이 세계는 한 인간이 "나"를 의식하고 살며 나로서 있는 매 순간마다 존재한다. 물론 여기에도 세계에 대한 연관성의 인식과 강도에 따라 수많은 단계가 있다.

이러한 존재 세계는 각자가 처지에 따라 경험하기 때문에 상호 갈등을 일으킬 수 있다. 이 갈등은 한 사람이 다른 사람의 경험 세계를 이해하지 못하고 낯설게 느낄 때 생긴다. 경험의 깊이와 이해 능력 등이 닮을수록 존재 세계를 서로 이해하기가 쉽다.

세계에 대한 이러한 세 가지의 정의가 공동으로 구성되어 과르디니의 세계관이 형성되어 있다. 세계는 감각, 지각될 수 있는 형태로 주어진 모든 것을 포함하는 존재하는 것 전부를 말한다. 과르디니는 다음과 같이 정의하고 있다:

---

5. *Existenz* 480.
6. *Existenz* 481; L. Börsig – Hover, *Das personale Antlitz des Menschen* 26.

만약 우리가 "세계"란 말이 의미하는 것을 느낌과 지각에다 떠오르도록 하면서, 그것의 근원적인 의미에 대해 묻는다면 대답은 "세계란 존재하는 것 모든 것"이라고 할 수 있겠다.[7]

이렇게 세계는 단순히 객관적인 사물 자체이기만 한 것이 아니다. 세계는 사물 자체(Ding an sich)이기는 하지만 동시에 물 자체 그 이상의 것이다. 세계는 내가 있는 세계 그 전체, 즉 긴장 속에 있는 관계 전체를 의미한다.[8] 이 전체는 내부에 통일성을 가지면서 모든 것 안에 질서를 부여한다.[9] 세계는 또한 공간을 채울 뿐만 아니라 자신을 고집하는 강한 존재이다.[10]

과르디니가 의미하는 세계는 인간의 의식과 외부 세계가 계속 만나는 것에 존재한다. 과르디니는 다음과 같이 말하고 있다:

세계의 본질은 또한 인간과 사물의 만남에서 형성된다.[11]

세계는 기계적으로 고정되어 미리 계산해 낼 수 있는 성질의 것이 아니라 존재 전체를 포괄하는 것, 경험과 경험될 수 있는 가능성들이다. 그러므로 세계는 완성된 상태로 주어져 있는 것이 아니라 계속해서 밝혀지는 것, 형성되는 것이다. "세계"란 개념이 근본적으로 의미하는 것은 인간의 의식에 반영되어 오는 사물들의 총체를 말하는 것이 아니라 이러한 사물과 인간 의식의 만남 안에 형성되는 역동적인 공존을 뜻한다. 이것은 세계가 항상

---

7. *WUP* 71 이하.
8. *WUP* 72.
9. *WUP* 76.
10. H. Kliber, *Glaube und religiöse Erfahrung bei Romano Guardin* 108.
11. *WUP* 78.

고정적인 존재로 머물러 있지 않고 매번 만남의 상황이 제공하는 것에 따라서 변화를 가질 수 있는 것을 의미한다. 만난다는 것은 과르디니의 세계관에서 결정적인 요소이다. 만남을 통해서 객관적으로 존재하는 세계가 인간의 의식 안에 자신의 세계로 형성되어져 가는 것이다.

2.2. 세계: 피조물

그리스도교 신앙을 가진 일반 사람들이 일반적으로 그렇듯이 과르디니의 세계관도 세계는 창조된 존재라는 창세기의 내용에 뿌리를 박고 있다. 세계는 세계 밖에서 창조된 것으로서 반드시 창조되어야만 하는 필연성에 의해서가 아니라 자기 자신을 계시하는 하느님의 자유로운 행위에 의해서 만들어진 피조물이다. 과르디니는 다음과 같이 말하고 있다:

> 계시는 우리에게 하느님이 이 세계를 자신의 주체적인 자유 의지로 무에서부터 창조하셨다는 것을 알려주고 있다. 이것은 또한 우리에게 이 세계가 반드시 창조되어야만 하는 것이 아님을 말해주고 있다. 우리가 우리의 삶에 대해서 감사한다든지 또는 불평을 할 수 있는 여지도 여기에 있다. 우리가 필연적인 존재라면 감사할 여지도 불평할 여지도 있을 수 없을 것이다.[12]

이 세계의 필연적 유출론을 거슬러 과르디니는 하느님의 자유롭고 은총이 가득한 창조 행위를 강조하고 있다. 세계가 창조된 것은 자연 에너지의 내적 활동에 의한 우연적 산물이 아니라 은총으로 규정할 수 있는 하느님의 행위에 근거하고 있는 것이다.

---

12. *FGS* 136.

세계는 자연적인 것, 지극히 당연한 것, 스스로 자기 존재를 증명하는 것이 아니고 자신을 그러한 존재로 만든 최고 권위자의 창조에 근원을 두고 있다. 다시 말해서 세상이 존재하는 것은 있어야 하기 때문이 아니라 창조되었기 때문에 있다. 세상은 창조되어지지 않았을 수도 있으나 창조되기를 원했기 때문에 창조되어 있다.[13]

창조의 동기는 모든 종류의 강박성을 거부하는 하느님의 주권에 의한 자유로운 의지와 사랑이다.

창조 행위의 동기는 ― 성서 전반에 걸쳐서 얘기하는 대로 ― 사랑이다.[14]

최고 절대자는 넘치도록 풍부하고 그렇게 풍부하므로 사랑해야 하고, 사랑하므로 창조해야 한다. 마치 샘 밑에서 물이 넘쳐 나오기 때문에 샘에서 물이 계속 흐르는 것과 같은 것이라고 말하는 신플라톤주의자들의 주장에 반박하여 과르디니는 하느님의 절대적으로 자유로운 사랑이 창조의 원인임을 강조하고 있다. 과르디니는 또한 세계가 선과 악의 두 원리 위에 구성되어 있다는 신화적 이원론자들의 주장도 거슬러 창조적인 악의 세력이 존재하지 않고 존재하는 것은 모두 선하고 성스러운 주체에 의해서 유래한다고 주장한다.[15] 또한 그는 존재하는 외부 세계는 그 외부 세계를 보는 인식자의 인식 작용에서 기인하며 객관적으로 그렇게 존재하는 것이 아니라고 주장하는 근대의 비판적 철학을 거슬

---

13. *WUP* 28.
14. *WUP* 29.
15. *Existenz* 83.

러 세계는 하느님으로부터 유래하며 유지되고 있다고 주장한다.

하느님의 자유와 사랑에 바탕을 둔 세계는 말씀에 의해 존재에로 불리어졌다. 이렇게 세계가 말씀에 의해 존재에로 불리어졌다는 것은 하느님으로부터 오는 말씀을 듣고 따를 자세도 인간에게 주어져 있다는 것을 의미한다.[16] 세계가 하느님의 자유로운 의지에 의해 사랑으로 창조되었다는 사실은 또한 세계 안에 역사가 존재하고 있다는 사실도 의미한다.

> 하느님의 세계에 대한 태도는 자연적이 아니라 인격적이다. 그러므로 세계는 자신 안에 자연적인 존재로 닫혀 있는 것이 아니라 인격체에로 열려 있고 이 안에 역사가 존재하고 있다. 이것은 인간과 하느님이 함께하는 역사, 곧 구원의 역사이다.[17]

만약 세계가 자유 의지의 자유로운 결정에 의한 존재가 아니고 자연적인 존재라면 자연적인 진행만 있고 그 안에 역사가 존재할 수 없을 것이다. 그러나 세계는 역사이고 자연은 이 안의 실존이다. 여기서 자유는 하나의 커다란 의미를 가지고 있다. 과르디니에 의하면 자유로운 행위란 필연성에 의해서 반드시 일어나야만 하는 것이 아니라 그것이 원해졌기 때문에 일어나는 것을 두고 말한다. 이러한 자유가 역사의 모든 진행을 결정한다. 이렇게 과르디니의 역사관은 세계가 고정되어 있는 것이 아니라 계속 형성이 진행되고 있는 것이며 그것은 또한 인간의 자유로운 결정에 의해서 일어나고 있음을 의미한다. 이러한 인간이 자유롭게 결정할 수 있다는 사실은 더 근원적으로 완전한 자유를 가진 존재를 생각하게 하며 인간의 세상에 대한 책임성도 의식하게 한다.

---

16. L. Börsig – Hover, *Das personale Antlitz des Menschen* 30.
17. *Herr* 118.

세계가 인격적인 존재로부터 창조되었다는 것은 또한 세계 자체도 인격적인 성격을 지닌다는 것을 의미한다. 인간의 의식이 하느님의 뜻과 일치를 이루어 갈 때 모든 존재 사물도 질서를 가지게 된다. 세계가 인격적인 성격을 지닌다는 사실은 세계가 자신의 고유의 성질과 사실을 지니면서도 그 자체 안에 머물지 않고 바깥으로, 즉 하느님의 사랑에 가득 찬 뜻을 향하여 개방되어 있음을 의미한다. 사랑이 가득 담긴 하느님의 뜻은 유한성을 가진 각 개개인의 개인적인 상태, 즉 성숙 정도, 그의 행동과 판단 등에 따라서 반응을 보인다. 과르디니는 다음과 같이 말하고 있다.

> 하느님의 뜻은 내 안에 완성된 상태로 존재하지 않고 지속적으로 새롭게 와닿으며 그 상황에 맞는 것을 하도록 요구한다. … 하느님의 뜻은 영원히 고정된 것이 아니라 나의 자유와 그 자유 의지의 행위를 존중하면서 매 순간순간 그 상황에 따라서 나에게 새롭게 와닿는다. …
>
> 그러나 하느님의 뜻은 항상 존재하고 그것을 따르는 길도 항상 열려 있다. 인간의 매 걸음마다 하느님은 그것을 받아들이고 그 상황에 맞추어 다음 것을 요구하면서 그것을 실천해 나갈 길도 또한 열어 주신다.[18]

하느님의 사랑은 세계 전체를 감싸면서 자신에게로 늘 새롭게 다가오도록 활발히 작용하고 있다. 인간의 의식이 세계에 대해 책임감을 가지고 하느님의 뜻과 일치되어 갈 때 세계의 인격적 성격은 원래의 본 모습으로 충만되어 간다. 이렇게 되어가는 그 동기 유발 역시 하느님의 사랑인 것이다.

---

18. *VLG* 31 이하.

2.3. 세계: 필연적이지 않은 존재

하느님의 사랑에 의해 창조된 세계는 제한되고 한계가 있는 존재로서 이러한 제한성과 한계성에 의해 구체적으로 만져질 수 있고 현존재로 존재한다. 세계는 꼭 존재해야 하는 필연성을 내포하고 있는 것이 아니라 지속적으로 선물로 주어지는 존재이다. 모든 종류의 필연성과 당위성은 세계 내부의 성질이고 세계의 존재 그 자체는 하나의 선물이다.[19]

세계가 필연적으로 존재해야 하는 것이 아니다는 것을 인간의 감사와 불평의 행위를 통해 엿볼 수 있다. 만약에 세계가 필연적인 존재라면 인간 행위의 중요한 속성 중의 하나인 감사와 불평의 행위가 설 자리가 없다. 감사는 인간이 선물로 받아들인 것에 대하여 드리는 행위이다. 과르디니는 다음과 같이 말하고 있다:

> 만약 내가 나의 존재에 대해 감사를 드린다면 그것은 내가 자유로운 결단의 행위에 의해 생겨났음을 인식하는 표시이다.[20]

감사한다는 것은 어떠한 것도 필연적이라든가 자명한 것으로 인정하지 않는다. 또한 고통이나 죽음, 무질서, 그외 존재 그 자체에 대한 불평과 거부 역시 세계가 필연적 존재라면 가능하지 않다. 필연적인 세계 내에서 인간이 고통받을 수도 있고 죽음으로 파괴되어 갈 수도 있지만 그것을 거슬러 반기를 들 수는 없다.

세계는 하나의 행위에 근거를 두고 창조된 것으로서 창조되어야만 하는 존재이기 때문에 창조된 것이 아니라 창조되기를 원했

---

19. J. F. Schmucker – von Koch, *Autonomie und Transzendenz: Untersuchungen zur Religionsphilosophie Romano Guardinis* [Mainz 1985] 92.
20. *WUP* 31 이하.

기 때문에 창조되었다. 창조는 완전하고 전능한 하느님의 자유로
운 결단에 의해서 이루어졌으며 이러한 창조 행위의 동기는 사랑
에 근원을 두고 있다. 이렇게 과르디니의 입장에서 볼 때 세계는
필연성을 가지지 않는 존재로서 스스로 자주적이지 않고 하느님
의 창조 행위에 의해 질서지어져 있다.

2.4. 무: 세계의 경계선

세계는 무에 의해 둘러싸여 있는 것으로 인간의 의식에 인식된
다. 무는 세계의 제한성과 고독성을 회상하게 한다.[21]

> 무는 고독을 의미한다. 홀로 있다는 것은 존재의 특성이다. 그러
> 므로 어떤 구체적인 것으로 있다는 것은 무 앞에 있음을 의미하
> 고 이것은 또한 고독을 의미한다.[22]

과르디니에 의하면 세계는 무에 의해 둘러싸여 있고 꿰뚫어져 있
으며 하느님과 세계의 경계에 무가 자리잡고 있다. 무는 세계가
하느님으로부터 불리어진 존재로서 그의 한계 안에 존재함을 알
려주고 있다. 과르디니는 이러한 것이 바로 세계의 특성을 결정
짓는다고 한다. 그는 무는 하느님과 세계의 경계선으로 존재하는
것으로 본다.

> 진정한 무는 하느님으로부터 유래한다. 하느님은 세계가 하느님
> 자신이 아니고 제한된 존재라는 것과 하느님 자신이 존재론적으
> 로 세계의 주인이며 세계는 피조물로서 하느님 앞에 존재론적으

---

21. H. Kleiber, *Glaube und religiöse Erfahrung bei Romano Guardini*
117.
22. *WUP* 80.

로 순종 안에 서 있음을 알려주고 있다. …
　　하느님은 세계를 만드신 분으로서 자신과 피조물 사이에 구분을 짓는 경계선으로서 무를 설정하셨다. 이것은 또한 세계가 무로부터 만들어졌음을 의미한다.[23]

이것으로 무는 하느님을 알려주는 것이고 하느님이 자신을 보여주는 장소임이 드러나게 되었다. 이렇게 무는 하느님에 대한 체험과 하느님의 영역을 알려주는 존재로, 긍정적인 존재로 와닿고 있다. 무는 존재론적으로 하느님과 세계의 차이를 알려주는 경계선이고 동시에 하느님 자신을 알려준다. 무를 통해서 하느님의 절대적인 주체성이 강조되고 있다. 여기서 과르디니는 헤겔의 순수 존재와 순수 무는 같은 것이다는 의견과 구분짓고 있다. 무는 벨테(Welte)가 말하는 것과 같이 침묵 또는 자신을 숨기는 존재로 경험될 수 있으나 존재론적으로 경계선이며 따라서 절대적인 주체, 즉 하느님과 동일시될 수는 없는 것이다.[24]

　내용적으로 세계와 하느님과의 존재론적 차이는 고통으로 인간에게 와닿는다. 유한한 존재인 자신의 유한성에 대한 고통은 유한한 존재의 무한한 하느님과의 직접적인 이웃성을 지속적으로 알려주고 있는 것이며 이 고통은 유한한 존재가 자신과 자신이 만들어 놓은 문화적 모든 산물 안에 자신을 잃어버리지 않고 하느님에게로 나아가도록 계속적으로 고무하는 존재이다.[25] 과르디니에 의하면 우울증의 현상 안에 이 고통이 순수하게 잘 드러나고 있다.[26] 과르디니는 우울증을 하느님께로 향하도록 하는 내적

---

23. *WUP* 82 이하.
24. L. Börsig – Hover, *Das personale Antlitz des Menschen* 36.
25. J. F. Schmucker – von Koch, *Autonomie und Transzendenz* 76.
26. *VSS* 7.51.

인 압박으로 보고 있다. 때로는 직접 의식되지는 않고 있더라도 영원한 것을 자신의 삶 안에 받아들이도록 생각과 행동 안에 가해 오는 요청이다. 이 우울증은 유한한 존재 안에 무한한 것이 자리잡도록 공간을 제공하도록 그리고 유한한 존재가 무한한 것, 즉 하느님에 의해 꿰뚫려져 점점 풍부해지도록 하는 내적인 힘으로 승화되어 나가야 할 존재로서 과르디니는 이것을 인간은 피할 수 없이 묵묵히 지고 나가야 할 것으로 보고 있다.

무는 단순히 경계선으로서 다른 쪽에는 전혀 다른 것이 존재하고 있다. 과르디니는 무를 이렇게 정의함으로써 근대의 일반적인 무에 대한 개념으로부터 거리를 유지하고 있다. 근대 말엽의 무는 주체적인 존재가 되기를 원했던 인간들의 의식이 만들어 낸 스스로를 위로하기 위한 것 그리고 의혹이 낳은 부산물이었다.

2.5. 세계: 폐쇄적이 될 수 있는 존재

본질적으로 유한한 존재인 세계가 자신의 유한성을 거부하고 주체성을 주장하고 나올 때 세계는 자신 안에 폐쇄되어 간다. 이것은 유한한 존재가 스스로 무한성을 주장하는 곳에 발생한다.[27] 진정한 한계성, 즉 유한한 존재의 경계선은 유한한 존재 전체를 둘러싸고 있으면서 동시에 다른 측면에 열려 있다. 이 경계선은 피부와 같아서 호흡하고 느끼며 한쪽 면을 다른 면으로 전달한다. 그러나 세계는 진정한 경계선의 위치에 다른 것으로 대치시키려고 애를 쓴다. 사람의 의지는 자신을 주체적이고 자족적인 존재로 만들기 위해서 자신 안에 폐쇄되기를 원하는 경향을 갖고 있다.[28] 과르디니에 의하면 유한성, 즉 경계선은 세계를 무한하고

---

27. H. Kleiber, *Glaube und religiöse Erfahrung bei Romano Guardini* 119.
28. *WUP* 83.

진정한 존재에로 열어주는 기관이나 세계는 이것을 거부하고 자신 안에 갇히려는 경향을 갖고 있다.

세 가지 방법으로 세계는 한계성을 거부하고 자신 안에 폐쇄되려는 경향을 나타낸다. 하나는 경계선이 있다는 사실 자체를 의식에서 지워버리고 아예 없는 것으로 보려는 경향이다. 세계는 한없이 펼쳐져 있다고 주장하면서 한계성을 없애려고 애를 쓰는 경향으로서 근대에 범신론을 주장한 지오르다노 브루노(Giordano Bruno)에서부터 19세기 전체에 걸쳐 존재하던 사고이다.[29]

르네상스 시대부터 이미 세계는 자립, 자조성의 능력이 있는 것으로 인정하려는 경향은 유한한 세계의 용기와 이성적 능력 등을 과장되게 주장함으로써 세계의 비극적인 면모를 오히려 드러나게 했다. 이러한 주장은 세계의 유한성과 경계선을 거부하지만 경계선 밖의 다른 세계를 부정함으로써 세계 자체 내에 고립되어 엄청난 외로움과 허무에로 내던져졌다.[30]

세계가 자신 안에 폐쇄되는 또 하나의 사고로 과르디니는 불교를 들고 있다. 불교는 세계가 의미를 가지고 있음을 인정하지만 그 의미가 하느님으로부터 유래하는 것을 인정하지 않음으로써 진정한 의미가 설 수 있는 바탕을 잃은 채 허망한 주체성으로 빠지고 만다. 여기에는 세계를 존재에로 불러주는 어떠한 절대자도 없고 세계 자체가 자신을 드러낼 바탕도 없다. 세계는 스스로의 주관 안에 그러한 존재로 보이는 환상에 지나지 않는다.[31]

이 세 가지 모두 안에 공통적인 것은 세계가 자신 안에 폐쇄되어 있다는 것이다. 자신 밖의 위를 향해서도 자신 안을 향해서도 세계는 자신을 넘어서서 뻗어나갈 수가 없다.

---

29. *WUP* 84.
30. *WUP* 85.
31. *WUP* 86.

2.6. 과르디니의 세계관과 현 문제와의 연관성

세계는 하느님의 사랑 안에서 자유로운 은총의 행위에 의해 만들어진 창조물이므로 우리는 이것을 감사히 받아들여 잘 보호하고 지켜나가야 한다. 하느님은 인간이 이것을 수행해 나갈 수 있도록 지성을 주셨다. 세계가 하느님이 원하셔서 만들어 놓으신 대로 계속 유지되느냐 아니면 자주 주체적이 되기를 추구하면서 스스로의 세계 안에 폐쇄되어 들어가기를 원하는 인간의 경향에 따라 함께 파괴되어 가느냐 하는 것은 전적으로 인간에게 달려 있다. 세계는 꼭 있어야 할 필연적인 존재가 아니므로 파괴될 수 있다. 만약 세계가 불교에서 말하는 대로 시작도 끝도 없이 영원히 존속하는 존재라면 파괴되지 않고 지속적으로 존재할 것이다. 그러나 세계는 사랑에 가득 찬 하느님의 자유로운 행위에 의한 창조물이다.

하느님은 인간이 당신을 닮은 존재가 되도록 당신이 가진 속성인 자유를 인간에게 주시고 세계를 맡기셨다. 그리고 하느님은 창조물이 원래 당신이 원하신 상태로 지켜지도록 인간에게 생명에 대한 경외심과 지성을 주셨다. 우리가 1부에서 본 대로 인간의 힘은 엄청나게 자라서 이 세계를 영원히 파괴할 수 있는 상태에 놓여 있다. 그러므로 인류가 자신도 모르는 사이에 하느님의 창조 의지를 거스르고 있지나 않은지 사려깊게 고찰해 보아야 한다. 창세기의 홍수 설화에 나오는 내용처럼 하느님께서 오늘을 살아가고 있는 우리 시대에 인간을 창조한 것을 후회하는 일이 일어난다면 이것은 무척 당혹스러운 일이겠다.

우리 인간이 가진 지성의 능력은 여러 가지로 제한되어 있어서 사물과 사건을 객관적으로 있는 그 자체를 보지 못하고 각자 자신의 입장에서 제한된 범위 내에서만 인식한다. 그러므로 우리는 서로 자신의 지식과 경험을 모아 마음을 열고 현대 문제를 극복하기 위한 노력에 다같이 참여하여 공동 노력을 기울여 나가야 하겠다.

인간학과 자유

인간을 인격체(Person)로 규정하면서 하느님이 원하신 존재로서의 인간의 실존을 가장 깊은 곳까지 살펴본 것은 인간학의 영역에서 과르디니의 간과될 수 없는 큰 업적이라고 할 수 있다.[1] 추상적인 존재로서의 인격에 대한 고찰이 그에게 주된 관심사였던 것이 아니고 구체적인 인격체로 현존하는 인간에 대한 고찰이 그의 주된 관심사였다. "인간이 무엇인가?"라는 질문에서 과르디니의 입장에서는 추상적이고도 객관적인 질문, 즉 "무엇"(was)에 강조점이 있는 것이 아니라 여러 가지 연관성 속에 살아가는 구체적인 인간에 대한 질문 "누구"(wer)에 주안점을 두면서 "어떻게"(wie)에 대하여 관심을 쏟고 있다.[2] 과르디니에게는 처음부터 두 가지 측면의 인간에 대한 고찰이 있다: 외적인 구체적 모양에서 출발하는 현상론적인 고찰과 구체적인 현상에서 중심으로 나아가 인간을 그의 개체적이고도 본체론적으로 고찰하는 존재론적인, 즉 인간을 본래의 자유와 자의식을 가진 존재로 고찰하는 입장으로 나아가는 것이다. 그는 외적인 구체적 모양의 현상론에서 출발하여 인격성으로 나아가 존재론적으로 고찰함으로써 현상론적 고찰과 존재론적 고찰을 연결한다. 과르디니는 구체적인 모습

---

1. A. Schilson, *Perspektiven theologischer Erneuerung: Studien zum Werk Romano Guardinis* [Düsseldorf 1986] 166.
2. H. Kleiber, *Glaube und religiöse Erfahrung bei Romano Guardini* 65.

으로 살아 있는 인간의 각 부분을 한눈으로 파악하면서 동시에 그것을 존재론적 인격 개념에 연관시킴으로써 현상론과 전통적 형이상학을 종합해 낸다. 이렇게 그의 인간에 대한 이해는 실체의 개념에 바탕을 둔 전통적 인격 이해와 나와 너의 만남의 관계를 강조하는 대화적 인격주의(dialogischer Personalismus) 사이에 위치하고 있다.

3.1. 인격의 현상론

현상론적인 고찰에서 인격에 대한 개념은 아래에서부터 위로 층을 이루며 쌓여진 방법으로 관찰되어지고 있다. 과르디니는 인격적 현상들을 구분짓기 위해서 계단의 모양을 이용하고 있다. 그는 형태(Gestalt)와 개체성(Individualität)과 개성(Persönlichkeit)을 단계적으로 구분지으면서 인격에 도달하려고 시도해 보고 있다. 각 단계는 서로 함께 있으면서도 낮은 단계가 윗단계에 의해 포용되는 형태로 있다.[3] 형태는 생동적인 존재로 있고 개체성은 구체적인 정신이 살아 있는 형태로 있다. 그러나 이 둘은 개성에 의해 특징지어진다. 그러나 각 단계는 더 높은 의미를 함유하고 있는 윗단계에 의해 받아들여져 있고 최종 의미의 중심으로부터 질서지어져 있어서 이 최종 의미, 즉 하느님에 의해 본래적인 인간의 모습과 가치가 주어진다.

3.1.1. 형태

과르디니는 인간을 고찰함에 있어서 먼저 형태에서부터 시작한다. 형태란 인간 현존의 가장 낮고 기본 되는 부분을 의미하는

---

3. *WUP* 128 이하.

것으로서 각 개체가 모여서 일치되어 하나의 역동적인 관계를 이룬다. 형태는 단순히 각 개체의 종합만이 아니며 각 개체는 서로 다른 개체를 짊어지면서 하나의 구심점을 향하여 있다. 형태는 만남과 일치에서 생성되는 것으로서 일정한 긴장과 더불어 활발하게 살아 있는 존재이다. 각 개체가 서로 일정한 긴장과 함께 올바른 관계 속에 서 있을 때 형태는 건강을 유지하게 된다.[4] 인간 각자는 모두 다 이러한 형태를 자신 안에 가지고 있으며 다양한 성질과 힘과 행위들을 일치시켜 나간다.[5]

형태는 물질적이고 부피적인 질서를 내포하고 있으나 단순히 양만이 아니고 질, 즉 존재의 의미를 함유하고 있는 것으로서 완성되어 고정된 것이 아니라 계속 형성이 진행중에 있는 것이다.[6] 하나의 세포에서 시작되어 다양하고 지속적인 성장 과정을 통하여 형성되어지고 형태의 한 부분이자 그 형태를 파괴하는 죽음에 이르기까지 지속된다. 하나의 형태가 죽는 순간까지 진행되어 가는 동안에 필연성과 자유 사이에 긴장관계가 놓여 있다. 인간은 전체의 질서 안에서 살아가고 있지만 항상 새로운 시작을 할 수 있는 가능성을 자신의 깊은 내면에 함유하고 있기 때문이다.

이렇게 인간은 스스로를 여러 가지 본능과 행위들의 원초적 중심이자 각 부분이 화합하여 형성된 살아 있는 일치로 경험한다. 형태는 전체와 부분이 서로 지속적으로 교류하면서 형성된다.

3.1.2. 개체성

과르디니는 인격의 전체적 현상을 고찰하는 데 있어서 형태에서 한걸음 더 나아가 윗단계, 즉 개체성에 도달한다. 개체성이란

---

4. *Existenz* 382 이하.
5. *Herr* 541.
6. *Existenz* 177.

살아 있는 존재의 형태, 즉 살아 있는 각 개체를 의미한다. 개체성은 자신과 같은 종의 구성원들과 그리고 다른 사물들과의 연관성에서 자신을 구분짓고 주장해 나가는 것으로 특징지어진다. 이러한 자기 구분과 주장은 두 가지의 방법으로 실현되는데 하나는 주변 세계를 가꾸어 나가는 것을 통해서 그리고 다른 하나는 다른 개체성들과의 질적인 관련을 통해서 되어간다.[7] 생명체가 질적으로 낮을수록 이와 같은 종의 요구에 많이 일치되어 들어간다. 그러나 질이 높을수록 개체성이 더 강해진다. 이 개성이 강해질수록 같은 종과 그 종이 이루는 군집에서부터 드러나 그만큼 더 적게 군집으로부터 보호를 받게 되고 위험은 증가된다.[8] 그의 본능적 능력은 약화되고 파괴될 가능성이 높아져 가며 성장을 위한 전제 조건들은 질적으로는 더 고차원적이고 수적으로도 증가되면서 개체성은 본래적으로 주어진 것으로부터 자신을 분리시켜 점차 자신의 고유한 가치를 형성해 간다. 개체성이 펼쳐질수록 그것이 계속 성숙해 나갈 것인지 아니면 소멸되고 말 것인지 불분명해져 간다.

인간은 자신의 중심에서 주변 세계에로 열려 있는 개체이다. 인간은 자신이 타인이 아니고 자기 자신임을 그리고 그 자아를 주변 세계에 펼쳐나가고 주장해 나가야 하는 존재, 즉 세계와의 관계의 중심임을 알고 있다.[9] 개체성 안에 존재하는 또 다른 생동적이고 구체적인 특징은 개방성이다. 인간은 타인과의 사회적 관계 안에서 살아가는 존재로서 자신 안에 폐쇄되어 머물러 있을 수 없다. 이 사회적 관계는 인간의 한 중요한 특성으로서 개체성

---

7. *WUP* 111; H. Kleiber, *Glaube und religiöse Erfahrung bei Romano Guardini* 68.
8. *WUP* 112.
9. *Existenz* 384; *WUP* 115.

과 사회적 개방 두 특성이 한 개체적 존재 안에 공존하고 있다.[10]
 이렇게 과르디니에 의하면 생동적 개체성이 인간의 전체 현상 안에 하나의 층, 즉 역할을 담당하고 있다. 개체성은 주변 세계를 향해 역동적 행위가 펼쳐져 나가는 하나의 모아진 중심이다.

3.1.3. 개성

 인간의 전체 현상에서 세번째 층을 과르디니는 개성으로 명명하면서 생동적인 개체의 형태가 정신에 의해 규정되는 것을 의미한다.[11] 개성은 형태와 개체성을 자신 안에 포함하면서 고립되어 존재하지 않고 이들과 합하여 하나의 통일체를 이룬다. 개성에 의해 내면의 현상은 정신에 의해 구성된 삶으로 자신의 질을 갖게 된다. 정신은 개체의 형태를 새로운 질과 더 높은 차원으로 향상시켜 인간으로, 즉 개성으로 만든다. 이것은 자의식과 의지와 창조적인 행위의 내면성을 의미한다.
 개성의 내면 세계는 자유와 자신을 스스로 소유하는 특별한 성격을 갖고 있다. 인간 이외의 생명체는 규정되어 있고 자신의 특정한 규정에 따라 정해진 대로 움직여 나간다. 그러나 개성의 내면 세계는 규정되어 있지 않고 창조적이며 자신을 스스로 소유하여 자신을 뛰어넘는 깊이를 가지고 있다.[12] 또한 이것은 자신의 주변에 존재하는 모든 사물과 생명체를 자신의 차원에로 받아들이는 특성을 가지고 있다. 모든 종류의 짐승들과 그들의 주변 세계는 고정적으로 규정되어 묶여 있지만 인간의 주변 세계는 이것과는 달리 동적이며 세계의 모든 영역과 관련을 맺을 수 있다. 개성은 세계에 대하여 하나의 전체로서 서 있다.

---

10. L. Börsig – Hover, *Das personale Antlitz des Menschen* 62.
11. *Existenz* 462.
12. *Existenz* 463.

개성의 차원 안에서 각 개성은 서로 타 개성들과 자신을 구분 지음으로써 다양한 단계의 차이를 형성하고 있다. 이러한 스스로를 구분짓는 것은 창의력과 교육의 정도 등에 따라 질을 높여 간다. 스스로를 구분짓는 것이 경계선을 뛰어넘어 일반의 평균 수준을 능가할 때에 "뛰어난 개성" 또는 천재라고 명명된다.[13]

개성에 대한 개념은 이렇게 점점 더 질에 대한 개념으로 향상되려는 경향이 있다. 질에 대한 개념으로 이해된 개성은 인간이 자신의 개성을 충분히 키우고 구현해 나갈 것을 요구한다. 형태와 개체성 그리고 개성 이 세 가지 층은 서로 내적으로 엮어져 하나의 통일성을 이루고 있지만 그러나 아직도 과르디니가 의미하는 인간 자체는 아니다.

3.2. 인격의 본질론

지금까지 인격의 현상에 대해 살펴본 것은 "인격이 무엇이냐" (Was ist Person?)는 질문에 주안점을 두었다. 과르디니의 여기에 대한 대답은 인격이란 하나의 형태와 내면 세계에 창조적 정신을 가진 존재라는 것이다. 그의 형태와 개체성 그리고 개성에 대한 사고는 인격의 본질을 밝혀 보려는 노력에서 하나의 준비 작업이었다. 이 세 단계는 외부에서 내부로 바라보는 입장에서 "인격이 무엇이냐?"는 전반적 현상에 대해 고찰해 본 것이다. 그러나 이 모든 것이 아직도 인격 자체는 아니다. 인격은 이 모든 것을 바탕으로 가지면서도 그 이상인 것으로서 이 세 현상의 상호 연관을 포함하면서 스스로 자기 자신 안에 유일무이한 존재로 존재하는 것이다.

---

13. *Existenz* 463.

3.2.1. 독립성과 주체성

"이 인격이 누구이냐?"(Wer ist dieser da?)라는 질문에서 비로소 인격의 본질을 언급하게 된다. 과르디니는 다음과 같이 말하고 있다:

> 이 인격이 누구이냐라는 질문에는 "나" 또는 "그"라고 대답하게 된다. 이제 비로소 인격의 본질에 접근하게 되었다.[14]

인격은 소유의 관계로부터 자신을 해방되게 한다. 인격이란 내가 어떤 종류의 타인으로부터도 사용되어지기를 허용하지 않고 자기 목적적임을 의미한다. 과르디니에게는 사람으로 존재한다는 것은 곧 인격(Person)으로 있는 것을 의미하며 모든 사람 각자는 원천적으로 또 본질적으로 하나의 인격이다. 이것은 취소되어지지 않는 인간의 특성이다. 인간의 자목적성은 그의 인격의 내면성과 가치에 기초를 두고 있다. 과르디니는 다음과 같이 설명하고 있다:

> 인격이란 내가 타인에 의해 대체될 수도 없고 보완될 수도 없는 나 자신과 더불어 있고 나 자신을 위해 있는 유일무이한 존재임을 의미한다.[15]

하나의 인격은 복제될 수 없고 부서지거나 자기 자신을 잃어버릴 수도 없다. 그러나 과르디니는 인격의 내적 핵심인 정신이 병들어 갈 가능성이 있음을 지적하고 있다:

> 정신은 진리로부터 벗어날 때 병들어 간다.[16]

---
14. *WUP* 121.
15. *WUP* 122.
16. *WUP* 124.

이러한 병은 한 인격체가 착각하거나 거짓을 말하는 것에서 시작되는 것이 아니고 진리를 포기하거나 파괴할 때 시작된다. 병의 치료는 오로지 다시 진리로 돌아오는 것, 즉 회개만이 가능하게 한다.

> 이 병으로부터의 회복은 정신과 의사의 도움으로는 가능하지 않고 스스로의 회개에 의해서만 가능하다.[17]

인격은 그 인격을 인격체로 유지해 내는 것, 즉 정의와 사랑에서부터 벗어날 때 병든다.

> 인격은 정의로부터 벗어날 때 병든다. 자주 불의를 행하는 것에 의해서가 아니라 정의를 부정할 때 병든다. 이것은 각 사물은 자신의 고유의 진리를 가지고 있으며 각 사물이 가진 성질과 규칙들을 존중해야 함을 뜻한다.[18]

인간에게는 하느님으로부터 스스로의 규칙과 존재 가치를 부여받은 피조물이 주어져 있으며 그 피조물을 인간이 임의로 다룰 수 있는 것이 아니라 하느님의 작품으로 경의를 가지고 성실히 그 피조물의 내적 성질과 규칙에 맞추어 존중해야 한다. 이것을 인정하는 것이 모든 윤리적 행위의 첫째이자 근본인 정의이다. 유한한 인격체는 정의를 향하여 있을 때 의미가 있고 정의에서 벗어날 때 병들기 시작하며 동시에 질서가 없는 힘, 즉 위험한 존재가 된다. 이러한 인격은 자신 안에 더 이상 올바르게 존재하지 못한다. 건강한 인격의 유지에 진리와 정의만큼 중요한 것은 또한 사랑이다.

---

17. *WUP* 125.
18. *WUP* 125 이하.

사랑하는 사람은 자신의 굴레에서 벗어나 점차 자유에로 나아간다. 그는 자신의 시야와 느낌을 넘어섬으로써 스스로를 채워 나가고 주변 세계에 열려 있어 자신의 공간을 획득하게 된다.[19]

사랑에 대해서 아는 사람은 자신에게로부터 벗어날 때 개방성을 얻게 되며 이 개방성 안에 진정한 자아가 성숙해 나갈 수 있다는 것을 안다. 이러한 공간 안에서 청정한 행위와 올바른 작품이 나올 수 있다.

인격은 어떠한 규정으로도 정확하게 서술해 낼 수 있는 것이 아닌 비규정적인 것이다. 앞에서 인격의 구조에 대해서 서술을 시도해 보았으나 아직도 그것이 인격 그 자체는 아니다. 과르디니는 다음과 같이 말하고 있다:

"너의 인격이 무엇이냐?"는 질문에 대해 나는 정확하게 대답할 수가 없다. 나의 육체, 영혼, 지성, 의지, 자유, 정신 이 모든 것은 인격을 형성하는 재료이지 인격 그 자체는 아니다.[20]

과르디니에 의하면 인격이란 한 인간 전체를 의미한다. 인간만이 유일하게 본래적인 의미의 인격이 될 수 있다. 인간으로서 있다는 것은 인격으로 있다는 것을 의미한다. 각 개개인이 하나의 인격이다.[21] 인격은 전체 현상의 다양한 구성원들이 독립되어 옆이나 위에 따로따로 존재하는 것이 아니라 위 차원의 것이 아래의 것을 수용하면서 서로 엮어져 하나의 통일체를 구성하고 있는 자율적이고 자목적적인 존재이다. 내가 나로서 있는 것은 자명한

---

19. *WUP* 126 이하.
20. *WUP* 128.
21. *Unterscheidung* 40.

것 중에서도 자명한 일이지만 다 설명되어지지 않는 하나의 수수께끼로 존재한다. 인격은 분명한 것이면서도 동시에 논리적으로 다 파악되어지지 않는 것이다. 과르디니에게는 인격이란 한 사람이 그러한 존재로 있는 바로 그것이다. 그는 자신을 스스로 소유하고 자신의 행위를 유발할 뿐만 아니라 그것을 소유하며 또한 자기 자신 위에 존재한다.[22]

인격은 통계적인 요소를 가지고 있을 뿐만 아니라 동시에 동적인 요소를 가지고 있으며 타인과 세계와의 관계 안에 서 있다. 과르디니의 인격에 대한 개념을 좀더 깊이 알아보기 위해서 이제 이 역동적인 요소를 고찰해 보도록 하자.

3.2.2. 나와 너의 관계

과르디니는 인간이 자신의 실체성(Substantialität)을 의식하면서 나(Ich)로서 너(Du)로부터 불리어져 관계 속에 들어가서 사랑과 신뢰의 윤리적 가치 안에 자신을 표현할 때 참다운 인격인 것으로 본다.[23] 과르디니에 의하면 인격은 본질적으로 나와 너 안에 서 있다. 인격은 사랑으로 자신으로부터 너를 향해 나아가며 또한 너를 나 안에 받아들이는 것, 즉 대화 안에 서 있는 것이다. 너를 향한 관계 안에 있지 않는 나는 없는 것이다. 만약 이 관계가 바로 정립되어 있지 않으면 나(Ich)가 병들어 간다.[24]

인간은 나(Ich)로서 타인에게 나아갈 때 개방되어 자신을 보여준다. 이러한 행위는 타인으로부터 똑같은 움직임이 오지 않을 때 미완성인 상태로 머물게 된다. 타인으로부터 반응이 올 때 상

---

22. *Existenz* 465.
23. *Existenz* 113.
24. *Existenz* 28; L. Börsig – Hover, *Das personale Antlitz des Menschen* 74 이하.

호 경계 자세가 풀어지고 인격체로서의 완전한 행위가 성숙되어 간다. 이러한 나와 너의 관계는 여러 가지 종류와 깊이로 구현되어 간다. 이것은 타인을 받아들이는 것, 예를 들자면 하나의 인사를 존중한다든지 호의 등에서 시작되어 점차 믿음, 동료애, 사랑 등으로 점점 더 깊어지고 의미와 영속성을 가지게 된다.

나와 너의 관계가 성립되는 곳에는 우선 자신을 고집하는 것과 자기 입장에서만의 요구에서 벗어나서 상대편을 있는 그대로 보고 그와 함께 있으며 그와 함께 살아가게 된다.[25] 상대를 순수하게 받아들일수록 나 역시 순수한 나가 될 수 있다. 나와 너가 함께 모여 우리(wir)가 된다. 이것은 각자가 모여 부피가 많아지는 것이 아니고 하나를 이룬다. 과르디니의 사고에 의하면 그 만남이 진실하다면 새롭게 태어나는 것이다. 우리 안에 나와 너의 다양성이 하나로 종합되는 것이다.

그럼에도 불구하고 말을 건네는 나와 말을 받는 너는 각자 자기 자신의 자유와 의식 그리고 고유의 모습과 삶의 방식을 가진 다른 존재로 여전히 머문다. 그러나 나와 너가 깨어 있으려면 서로 만나야 한다. 한 사람은 다른 사람에게로 나아가야 하며 주체와 객체의 관계, 즉 나와 그의 관계로 떨어지지 않도록 주의하여야 한다.[26] 이러한 나와 너의 관계가 문제화되어 갈 때 존재하는 것 자체가 공허해지며 불확실해져 간다.

3.2.3. 인격과 다른 인격들: 언어

인간이 자신의 정신적 삶을 타인과 나누기를 원하는 존재, 즉 대화 속에 산다는 것은 이 정신적 삶이 바로 언어 안에서 이루어짐을 말해주고 있다. 각 개인은 이러한 삶의 장 안에서 태어나고

---

25. *Existenz* 320.
26. *Existenz* 321.

형성된다. 하이데거가 말하는 대로 과르디니에게도 언어를 통해 진리가 객관적 삶의 장이 된다. 언어는 인간 삶의 부산물이 아니라 인간 삶의 전제 조건이다.[27] 과르디니는 다음과 같이 말하고 있다:

> 말한다는 것은 본래적으로 타인과 하는 것이다. 그러므로 진리와 상호 유대를 책임성있게 보호해 가려는 대화는 나와 너의 관계의 완전한 실현을 위해서 노력해 간다. 언어는 이러한 인격적 만남이 이루어지도록 하는 중요한 역할을 담당한다.[28]

과르디니는 최종적인 의미가 구약에서 시작되고 요한 복음의 로고스 찬가에서 충만하게 드러난 계시에 의해 분명해진 것으로 보고 있다. 말씀이 하느님 현존의 중심 역할을 하고 있다. 하느님은 스스로 말씀하시는 분이며 동시에 말씀을 듣는 자이고 또한 영원한 대화가 사랑 안에 내재하는 존재이다. 과르디니에게는 말씀의 최종 바탕은 성부의 성령 안에서 성자에게로 향하는 관계, 즉 하느님의 내재적 삼위일체 관계이다. 하느님 안의 말씀에서 모든 사물이 나오므로 사물 자체도 스스로 말씀의 성격을 지니고 있다. 세계는 단순히 생각과 권능에 의해서만이 아니라 말하는 것에서 생겨났다. 세계가 말해진 것(Gesprochenheit)에서 생겨났다는 사실은 과르디니에게 있어서는 또한 세계 안에 계속 말해질 수 있다는 것을 의미한다. 이러한 사실을 인간에게 비추어볼 때 인격은 타인을 향한 대화의 존재로 서 있음을 의미한다. 이렇게 하여 인격은 그의 본래적 모습에 따라 너를 향한 나(Ich eines Du)가 되도록 규정되어 있다는 것이다.[29]

---

27. *WUP* 138.
28. *WUP* 138.
29. *WUP* 142; H. Kleiber, *Glaube und religiöse Erfahrung bei Romano*

3.3. 인격과 하느님

3.3.1. 인간적 인격과 신적 인격

하느님의 창조적인 말씀에 대한 언급으로 과르디니는 철학에서 신학으로 넘어가서 그의 사고의 핵심을 이루는 주제인 "인격과 하느님"(Person und Gott)에 도달한다. 인간적 인격은 다른 인격들과의 연관성 안에 존재하지만 절대적 인격인 하느님은 이러한 제한을 받지 않는다. 유한적인 인격은 절대적 인격 없이는 존재할 수가 없는데 그 이유는 하느님이 단순히 그의 창조주 때문만이 아니라 하느님을 향하도록, 즉 하느님으로부터 불리어지고 하느님께 대답하는 존재로 만들어졌기 때문이다. 인격의 존엄성은 절대적이지만 이 절대적 가치는 자신으로부터 오는 것이 아니고 절대적 인격인 하느님으로부터 온다.[30]

절대적 인격은 스스로를 세계에 대하여 자유로운 초월자로 계시하면서 세계와의 관계에서 세계를 넘어서 나아간다. 이러한 초월을 인간은 자력으로는 이룰 수 없고 응답을 가능하게 하는 위로부터의 은총을 전제로 한다. 진실된 초월은 세계 내의 종교적 사고와 삶을 통해서만으로는 이루어지지 않는다. 인도 철학과 중국의 사고 그리고 그리스의 철학 등에서 볼 수 있는 바와 같이 초월 근처에까지 다다르는 것이 있기는 하지만 이들 사고가 세계를 넘어서서 초월에 도달하는 것은 결코 이루어지지 않는다. 왜냐하면 이들의 노력과 움직임은 세계 안에 항상 머물고 말기 때문이다. 그러나 절대적 인격이 자신의 자유로운 결단으로 인간을 부를 때는 다른 양상이 전개된다. 과르디니는 이것이 계시 안에

Guardini 81.
30. *WUP* 143 이하; H. Kleiber, *Glaube und religiöse Erfahrung bei Romano Guardini* 82.

서 이루어지는 것으로 보고 있다.[31]

절대적 존재의 인간에 대한 인격적 호의는 신뢰의 성격이 있고 창세기에는 이 사실을 아는 능력과 자유와 제작 능력과 다스리는 권한을 갖는 것, 즉 "하느님을 닮음"(Gottesebenbildlichkeit)이라고 명명하고 있다. 인간에게 하느님을 닮은 모습을 건네줌으로써 동시에 이 세계를 인간에게 신뢰하며 맡기고 있다.[32] 인간을 통해서 모든 존재 사물은 하느님께 응답하면서 그분께 돌아가도록 되어 있다.

3.3.2. 그리스도교적인 나

인격의 본질이 하느님과의 관계에 근거를 두고 있다는 사실에서 과르디니의 인격에 대한 사고는 "그리스도교적인 나"(Das christliche Ich)에서 정점에 도달하고 있다. 과르디니는 그리스도교적인 인격의 관계에 대한 언급을 바울로 사도의 서간에서 찾아내고 있다:

> 사도 바울로의 서간들 중에서 보면 표현 양식은 조금씩 다르지만 체계적으로 설명해 놓은 부분들이 있다: 예수 그리스도 안에 내가 있고; 나 안에 예수 그리스도가 있다는 양식으로 그리스도교적인 나를 설명하고 있는 것이다. 예를 들자면: "그리스도 예수 안에 있는 이들에게는 단죄받을 것이 조금도 없습니다"(로마 8, 1). "누가 그리스도 안에 있으면 그는 새로운 창조물입니다"(2고린 5, 17).[33]

---

31. *Existenz* 40 이하.
32. *Existenz* 200 이하.
33. *WUP* 146.

이러한 표현들은 그리스도가 믿는 이들 안에 생동적으로 현존하면서 하느님이 본래 원했던 인간의 본모습을 보여주며 그리고 이러한 본모습을 구체적인 상황에 구현시키려는 힘임을 알려주고 있다. 세계 내에서 구체적으로 살면서 하느님의 구원 의지를 구현해 낸 그리스도는 영원한 광명으로 들어올려져 주님이 되었고 세계 내의 삶을 경시하지 않고 오히려 영원으로 들어올렸다.

과르디니에 의하면 갈라디아 2,20의 "나는 살아 있지만 이미 내가 아니라 그리스도께서 내 안에 살고 계십니다. 내가 지금 육신 안에 살고 있는 것은, 나를 사랑하시고 나를 위해 당신 자신을 바치신 하느님 아드님께 대한 신앙으로 살아가는 것입니다"는 바울로 사도의 생각이 그리스도교적 인간 이해를 가장 잘 나타내 주는 것이다.[34] 이러한 신앙인 안의 그리스도 현존(reale Inexistenz Christi)을 이해하기 위해서는 정신에 대한 개념을 다시 한번 더 확인하는 것이 좋겠다. 정신(Geist)이란 여기서 육체와 구분되는 영적인 것이 아니라 인간을 전체적으로 감싸안으며 새로이 창조하는 하느님의 생동적인 영적 힘이다. 바울로 사도에 의하면 지상의 예수는 벌써 이러한 정신으로 채워져 있었다. 구원된 상태로 존재한다는 것은 그리스도 안에 너(Du)로 다가오시는 하느님을 인간의 나(Ich) 안에 받아들이는 것, 또는 나 스스로 너 안에 들어가는 것을 의미한다. 여기에 하느님의 모습을 닮는 과정이 드러난다. 이렇게 하여 완벽한 나와 너의 관계가 펼쳐진다.

> 내가 너 안에 활동하고 있는 관계일 뿐만 아니라 너에 의해 내가 나 자신으로 되어질 만큼 완벽한 관계를 의미한다.[35]

---

34. *WUP* 147.
35. *WUP* 158.

이러한 완벽한 일치는 동시에 자유로움 안에서 자신을 드러낸다. 자유롭게 한다는 것은 손실이나 자신으로부터의 분리를 의미하는 것이 아니고 오히려 그 반대적인 것, 즉 완벽한 공동체를 향해 나아가는 길이다. 이 모든 것은 또한 사랑을 의미한다. 이러한 사랑은 하느님 안에서 창조적이다. 하느님의 사랑에서 인격체로 드러나온 것이 곧 성령이다.

인간에 대해 올바르게 이해하려는 이러한 노력들로 모든 것을 다 밝혀 보았다고 과르디니는 보지 않는다. 삼위일체이신 하느님은 초월적이고 다 풀어지지 않는 영원한 비밀이다. 과르디니가 앞의 노력들로 말하고자 하는 것은 인간적인 인격의 원래 모습을 알아보려는 모든 것들은 결국 하느님 안에서 찾아보아야 한다는 것이다.

인간적인 인격을 최종적으로 규정해 주는 하느님과 인간의 나와 너의 관계는 논리적인 귀결로 삼위일체이신 하느님의 관계 안으로 나아간다. 아버지의 성령 안에서 아들에게로 나아가는 관계 안에 받아들여진다. 그러므로 인간의 하느님께로 향한 나와 너의 관계는 그리스도의 하느님과의 관계 안에 동참하는 것에 존재한다. 본래적이고 완벽한 너는 아버지이고 이 아버지에게 완전하게 너(Du)라고 말하는 것은 아들이다. 그리스도인이 된다는 것은 그리스도의 현존 안으로 들어가는 것을 의미한다. 다시 태어난 인간은 그리스도와 함께 아버지에게 너(Du)라고 말하고 자신을 나(Ich)라고 말한다. 이렇게 하여 그는 주님의 말씀(나는 길이요 진리요 생명입니다; 요한 14, 6)을 구현시켜 나간다.[36] 이렇게 하여 그리스도교적인 인격에 대한 최종적인 것이 드러나고 앞에서 말한 모든 것들이 자신의 고유한 의미를 갖게 된다.

---

36. *WUP* 159.

3.4. 자유

인간의 존재 양식은 그의 행위를 자유 안에서 이루어 나가는 것에서 식물이나 동물의 존재 양식과 전혀 다른 질적인 차원을 가진다. 자유의 의미는 인간이 자신의 지식과 의지 그리고 창의적인 일과 일상적인 행위에 있어서 자기 자신 안에 스스로 서 있음을 뜻한다. 인간은 자유로운 행위를 수행해 나가는 것에서 자신이 자기에게 속한다는 것을 특별하게 경험한다. 과르디니는 인간이 자신의 자유를 두 가지 측면으로 경험하는 것으로 보고 있다.[37] 첫째는 무엇을 스스로 판단하여 선택하는 것에서 자유를 체험하는 것이다. 자유로운 행위는 인간이 여러 가지의 가능성들 중에 자신이 원하는 것을 고르는 것에 있다.

둘째로 들 수 있는 것은 인간이 자신의 정신적 창의력을 발휘하여 자신을 스스로 표현할 수 있는 것을 통해 자유를 체험하게 되는 것이다. 과르디니는 이러한 자유를 생산적 자유라고 명명하고 있다. 선택의 자유를 통해 인간은 자신이 자신의 주인임을 경험하게 되나 여기서는 내가 나 자신임을 경험하게 된다.

그러나 선택의 자유와 생산적인 자유, 이 두 가지 자유는 과르디니에 의하면 하나의 요소 안에서 상호 공동 관계를 이루고 있다. 인간의 생동적인 자유는 두 행위를 모두 포함하여 어느 하나만 드러나는 경우는 존재하지 않는다. 선택의 자유와 생산적인 자유는 상호 협력하여 상대의 활동성을 증진시켜 나간다. 하나의 자유 안에 다른 자유가 적어도 최소한의 단위라도 항상 함께하여 생동적인 선택 또는 생동적인 자기 표현이 가능하게 하는 것으로 과르디니는 보고 있다.

---

37. J. F. Schmucker – von Koch, *Autonomie und Transzendenz* 130 이하.

과르디니는 또한 인간이 일상생활에서 체험하는 자유가 정신과
특별한 관련을 갖고 있음을 강조하고 있다. 여기서 정신이란 단
순히 논리적이고 의미를 인식하는 정도의 것을 뜻하는 것이 아니
라 각 인격체의 개체적이고 또한 창의적인 정신을 의미한다. 이
정신만이 자기 자신으로부터도 일정한 거리를 유지하면서 자신을
객관적으로 볼 수 있는 능력이 있어 판단하고 결정을 내릴 수 있
다. 이 정신은 하나의 행위를 유발시킬 수 있으며 동시에 그것에
대한 책임도 수행해 나간다.[38]

정신은 인간의 전 존재를 규정한다. 정신은 인간 존재의 어느
한 영역에만 제한되어 있는 것이 아니라 한 인간의 모든 것이 그
정신의 결정 안에 놓여 있다. 인간 안의 모든 자연적인 요소들은
정신을 향해 있고 정신에 의해 규정될 수 있도록 자신을 열어 규
정해 주기를 요청하고 있다. 정신은 이러한 자연적 요소를 지속
적으로 채워 나가야 할 과제로, 또한 이러한 과제를 수행함으로
써 자신의 존재 의미를 구현해 나가는 것으로 경험한다. 여기서
중요하게 강조해야 할 점은 정신이 이러한 자연적인 요소를 자기
의 임의대로 규정해 나갈 수는 없다는 것이다. 자연적인 요소는
자신의 원리에 따라 올바르게 규정되어지기를 요청하고 있다. 그
런데 정신의 중요한 특성인 자유가 착각하거나 또는 미흡하게 이
러한 과제를 수행해 나갈 가능성은 항상 존재하고 이러한 가능성
에 의해 인간은 지속적으로 위협받고 있다.

자유에 대한 과르디니의 사고는 이러한 위협적인 가능성을 인
지함으로써 더욱 절박해지고 깊어진다. 만약 인간의 자유가 절대
적인 자유라면 인간 안에 이러한 선택의 자유와 생산적인 자유가
완벽하게 구현될 수 있는 능력도 주어져 있겠지만 현실적으로는

---

38. *FGS* 72.

그렇지 않다. 인간은 누구나 더 이상 자유롭지 못한 상태로 무너질 수 있다. 자유의 행위에 대해서 책임을 질 수 있는 능력이 있는 자는 존재의 규칙, 즉 하느님과 일치하고 있는 자이다. 책임은 하느님에 대한 책임이다. 이것으로 인간의 자유는 하느님 앞의 자유임이 분명하게 드러났다.[39] 하느님은 인간을 자유로운 존재로 만드시고 그 자유를 유지하고 지켜준다. 하느님의 신비 안에서 인간은 자신의 자유를 보호한다. 하느님으로부터 받아들여지고 보호를 받는 것으로 인간이 자기 자신을 잃어버리는 것이 아니고 오히려 충만된 자유와 자신의 완성을 경험한다.

　이러한 자유는 스스로 수동적으로 성취되어지는 것이 아니고 적극적으로 원해야 이루어진다. 수동적인 자유는 존재하지 않는다.[40] 자유란 규정도 없이 임의대로 행동할 수 있는 또는 생각없이 마음대로 행해도 되는 것에 대한 권리가 아니라 진리와의 올바른 관계 안에 유지된다. 진리가 비로소 자유를 가능하게 한다. 올바른 자유의 실현은 권리임과 동시에 의무이기도 하다.[41]

3.5. 과르디니의 인간관과 현대 문제와의 연관성

인간에게는 정신과 더불어 새로운 능력이 주어져 있고 이 힘을 자신의 자유에 의해 자신과 이웃을 그리고 모든 존재 사물들을 구하는 데도, 파괴하는 데도 사용할 수 있다. 인간은 다른 존재 사물과는 달리 자연에 전적으로 묶여져 있지 않고 독립성을 유지

---

39. *FGS* 25.
40. *Sorge* I 117.
41. *Sorge* I 130.

할 수 있어 스스로를 결정할 수 있는 자유로운 존재이다. 그러나 이 자유를 사용하는 데 있어 자신과 이웃 그리고 존재 사물에 대해 위협적이 되지 않도록 늘 깨어 있어야 한다.

만약 인간이 하느님이 원해서 만들어 놓은 자연 질서를 인정하지 않고 파괴한다면 그것은 분명 자유를 잘못 사용하는 것이다. 자연은 매우 순종적이고 인내심이 강하지만 그 인내의 한도 능력을 인간이 넘어설 때는 여러 가지 어려움과 재앙들이 들이닥친다. 제1부에서 현재를 살아가고 있는 인간들이 어떤 상황에 놓여 있는지 우리는 살펴보았다. 그것은 분명 하느님께서 원하신 그런 인간의 모습이 아니었다.

과르디니가 보는 인간은 바로 진리를 찾아 나아가는 존재이며 자신의 책임감을 인식하는 존재이다. 인간은 살아 있는 하느님의 면전에 자신이 있음을 알아야 하는 존재이다. 진실한 내적 관계가 이루어지고 있는 곳에 이기적이고 이윤만을 추구하는 생각이 멀어지게 된다. 이웃의 번영이 나의 것만큼이나 중요하게 와닿게 되며 이웃이 더 이상 나의 이용 대상자가 아니고 함께 공존하는 존재가 된다.

인간의 하느님께 대한 관계 정립으로 인하여 다른 모든 사물들도 하느님과 올바른 관계에 도달하도록 해야 한다. 그리스도인으로서 우리가 피조물을 보호하고 가꾸어 나가야 하는 것은 그들이 바로 하느님으로부터 사랑으로 창조되었기 때문이다. 그들을 파괴하는 것은 바로 하느님이 주신 것을 파괴하는 것이다. 창조물 안에 존재하는 질서들을 바르게 유지하는 것이 인간에게 주어진 과제이다. 하느님을 향해 열려 있는 자만이 이러한 과제를 수행해 나갈 수 있는 것이다. 하느님이 사랑 안에 건너오실 때 사랑으로 자신을 열고 받아들이며 그 속에서 진정한 너를 발견할 때 가능하다.

이러한 행동으로 좁은 이기적인 자아로부터 벗어나 타인을 향해 그의 자유로운 삶에 동참하게 된다. 우리가 하느님에게로 향할 때 우리의 삶의 방향도 자신의 이기적인 좁은 길에서 벗어나 자유로운 하느님의 길에 따라가게 된다. 지금까지 현대인이 살아 온 파괴적인 길에서 하느님께로 향할 때 회개할 수 있는 힘을 얻어 미래를 희망할 수 있는 방향으로 나아갈 수 있다. 겸손 속에서 하느님의 뜻에 자신을 내어던진 사람만이 내적인 자유와 평화를 가지게 되어 모든 사람을 형제자매로 받아들이며 존재 사물을 경외심을 갖고 대하여 낭비적인 삶을 포기할 수 있는 능력을 가질 수 있다.

우리가 진정으로 너(Du)라고 할 수 있는 하느님에게로 향할 때 우리에 의해 야기된 현대의 무질서를 질서로, 불의를 정의로, 이기적 야심을 사랑으로 변화시켜 나갈 수 있다. 우리가 바로 이러한 회개를 할 수 있는 것도 바로 하느님의 은총과 자비에 근원을 두고 있다.

지금까지 우리가 표현해 보려고 노력해 온 것, 즉 미래의 삶에 대한 염려와 지구 위의 모든 생명체의 안녕에 대한 염려들의 근원을 좀더 깊이 알아보기 위해서 인간의 자유에 대해 고찰해 보는 것이 중요한 요소 중의 하나로 여겨졌다. 왜냐하면 자유로운 존재인 인간의 그 자유를 가진 행동에 의해 현대의 모든 문제들이 발생되었기 때문이다.

행동할 수도 안할 수도 있는 자유는 인간을 자신의 과오를 가려내어 잘못된 길을 버리고 새롭게 시작할 수 있도록 할 수 있다. 그러나 잘못 이해된 자유 안에서는 인간이 어떠한 삶의 법칙에서도 벗어나 자신을 온전히 구현시켜 나가려는 경향을 가지게 된다. 좀더 많이 가지려는 것과 좀더 나은 기술 개발을 통해서 인간이 진정으로 좀더 자유로워지지는 못했다. 오히려 인간은 이러한 것을 통해서 자신의 이웃을 잃게 되었으며 자원을 마구 남용하여 지구 환경을 오염시키고 생태계의 자생 능력을 약화시켜 병들게 했다.

자신의 자유의 기준을 하느님의 뜻에 두지 않고 오직 자아 성취에만 두는 인간은 금방 자유를 남용하여 이웃과 자연 환경에게 파괴적인 존재가 되었다. 그러나 하느님께 자신을 전적으로 내어드리는 것을 통해서 인간은 진정한 자유에 도달할 수 있다. 아씨시의 프란치스꼬 성인이 바로 이러한 자유를 살았던 대표적인 사람이다. 그는 소유로부터 해방되어 하느님과 이웃을 위해 진정으로 자유로웠다. 그는 모든 존재 사물을 형제자매로 받아들임으로써 하느님께 영광을 돌려드리고 충만된 삶을 살았다.

자유와 진리는 함께 상존한다. 내적인 자유 없이는 진실한 삶을 누릴 수 없고 진실 없이는 자유도 가능하지 않은 것이다.

금세기의 여러 자연과학자들과 철학자들이 우리 삶의 측정에 기준이 되는 더 큰 존재, 즉 하느님 앞에 책임감을 가져야 함을 부인하려고 시도했다. 그러나 그들은 이러한 노력을 통해서 오히려 그들이 스스로 만들어 놓은 환상과 자신들에 갇혀 버렸다. 이러한 것들은 성서에서 표현하는 원리, 즉 스스로 하느님과 동등하게 되어 어떠한 존재 앞에서도 고개를 숙이는 일 없이 자신을 절대적인 존재로 만들려는 교만에 근거를 두고 있다. 그들 스스로 척도의 기준이 되려고 했던 것이다. 이러한 인간이 스스로를 높이 세우는 것을 통해 인간은 일상의 모든 사물들에 의존하게 되고 세계 전체를 우리가 오늘날 이렇게 커다란 염려로 바라보게 된 상태로 끌어내려 버렸다. 이러한 염려에 의해 여러 가지 측면에서 회개와 새로운 사고를 할 것이 요청되고 있다. 교회와 다른 여러 자연과학자들이 분명하게 다가온 위험에 대처하기 위해 이러한 것을 긴박하게 요구하고 있다.

우리는 또한 세상의 정의와 평화 그리고 피조물의 보호를 위해 노력하는 사람들이 많이 있음을 알고 있기에 희망할 수 있다. 이들의 숫자는 점점 더 많아지고 있다. 이러한 사실들로 인해 우리는 2천년대를 희망과 믿음으로 맞아들일 수 있어야 하겠다. 하느님의 은총과 더불어 더 나은 새로운 시대를 맞이하게 될 수 있도록 다함께 노력해 나가야겠다.

4

현대 문제 고찰

　현대의 기술과 학문, 문화 등이 가져온 여러 가지 부정적인 문제들이 지금과 같이 커지기 전에 이미 로마노 과르디니는 이들과 연관된 문제들을 예언자적으로 미리 내다보고 있었다. 그는 금세기 20년대에 벌써 현대 기술과 문화의 부정적인 진보에 대한 염려를 이탈리아 북부 꼼머 호숫가 그의 어머니 집에서 여름 휴가를 보내면서 독일에 있는 젊은이들에게 보낸 편지들에 드러내고 있다. 후에 그는 자신의 이러한 생각들을 심화시켜 다양한 강의와 저서들에 표현하면서 비판하고 문제의 극복을 위한 방안들을 제시하려고 노력했다.

　이제 우리는 제1부와 제2부의 1, 2, 3장에서 살펴본 지식을 전제로 하여 과르디니의 문제 극복을 위한 노력들을 이해해 보도록 노력하자. 과르디니는 인간이 기술 문명을 발달시켜 그것을 지배하지만 동시에 그것에 의해 고통을 받는 새로운 연대가 와 있음을 말하고 있다. 그러나 그는 이러한 기술 문명으로부터의 도피를 말하는 것이 아니라 책임성있는 새로운 관계를 모색할 것을 권유하고 있다.

　인간은 이제 자신의 정신과 자유를 새롭게 정비하여 대처해 나가야 한다. 우리가 살고 있는 이 시간은 우리에게 주어진 문제들을 극복해 나가야 할 장이다. 과르디니는 학문과 기술 문화의 진보는 본래 그리스도교적 사고에 의해 가능했던 것으로 보고 있다. 하느님의 존재를 믿고 하느님에 의해 자신이 창조되었음을 의식하고 있는 그리스도인들은 자신을 자연과의 밀착된 유대로부터 일정 거리를 유지시켜 그것을 어느 정도 객관적으로 볼 수 있었다. 그러나 이러한 관계가 한 방면으로 치우쳐 오늘과 같은 형태로 기술 문명이 발달되었고 인간은 계산과 기계 그리고 지배욕에 빠져 그의 현 존재 자체가 문제시되었다.

현대인은 사물의 논리와 일치하는 정의로운 방법을 통해서, 또한 고삐 풀린 힘들을 다스릴 수 있는 새로운 질서 정립을 통해서 현 상황을 극복하도록 노력해 나가야 한다. 그러나 이러한 새로운 움직임은 기술 문명 자체로부터 일어날 수는 없고 오로지 깨어 있는 생동적인 사람들에 의해서만 가능하다. 깊은 정신력, 통일된 내면의 힘, 진정한 자유, 창의력 등으로 무장된 새로운 세대의 사람들이 형성되어야 한다.[1] 축적된 지식의 양이 아무리 엄청나다 해도 경제적·정치적 문제가 아무리 크다 해도 그것들은 아직 재료에 지나지 않는다. 인류가 필요로 하는 것은 보다 적은 양의 기술 문명이 아니라 강하게 깨어 있는 인간적인 기술 문명이다. 현대인은 좀더 정신적으로 다듬어진 학문과, 성숙되고 책임의식이 강하여 각 개별적인 것을 전체 안에 조화있게 연결시킬 수 있는 경제와 정치 운영을 필요로 한다.

인간 안에 존재하는 깊은 새로운 층이 깨어나야 한다. 인간의 내부로부터 새로운 정신적 힘이 일어나서 이 세계 안에 새로운 자유와 관계 그리고 의미를 형성해 나가야 한다. 이 모든 것은 교육과 관련을 맺고 있다. 본래적인 교육은 앎(wissen)보다도 존재(sein)와 더 많은 관련을 갖고 있다. 자신의 내면 세계로부터 그의 존재와 행위, 사고, 인간성 등이 이웃과의 조화를 이룬 가운데 형성되어 가는 사람을 교육된 자라고 한다. 이러한 사람은

---

1. *TM* 75.

자신에게 일어나는 외부의 다양한 변화 안에서도 자신을 언제나 다시 찾아낼 수 있는 내적 일치를 이루고 있는 자이다.²

4.1. 우리 시대에 대한 이해

오늘날 지도층에 속하는 사람들 중 많은 수의 사람들에게는 무엇을 연구한다는 것은 곧 물질의 원리와 구조에 대해서 연구하는 것을 의미한다. 그들에게는 학문이란 곧 자연과학을 의미한다. 인문과학은 자연과학에 비해 자신을 스스로 부끄러워해야 할 정도로 뒤로 밀려나 있다.

기술과 자연과학의 발달로 세계는 인간의 힘 영역 안으로 들어왔으며 자연은 더 이상 신비한 것이 못되고 인간의 객관적 연구 대상으로 전환되고 말았다. 자연과학적인 탐구 방법으로 교육된 현대인은 모든 사물을 차가운, 계산되어지는, 특별히 존중해야 할 필요가 없는 객관적인 것으로 보고 있다. 또 한편으로 현대인은 세계 안에 질서를 지어주는 절대적인 존재, 즉 하느님의 존재를 거부하여 내적으로 공허해지고 이러한 공허는 그의 삶 전체 안에 고루 영향을 미치고 있다.³ 이 공허는 현대인으로 하여금 책임감을 상실하게 하고 전통과 더불어 전해오는 모든 윤리와 관습을 의미없는 것으로 파괴하게 하여 무질서에 시달리게 한다. 여기서 자신을 과장되게 드러내 놓는 것, 즉 과대한 육체적 노출, 나체주의, 촉감을 자극하는 광고 방송과 절제를 모르는 사교 모임 등과 이밖에도 여러 가지 현상들이 유발되어 나온다. 또한 현대인은 사람을 표현하는 데 있어 자주 짐승의 모습이나 일그러

---

2. *TM* 79 이하.
3. *TBF* 54 이하.

진 형태, 예를 들어 얼굴에서 코만 크다든가 머리만 크다든가 하는 모습으로 나타내어 인간에 대한 존중심을 약화시키고 있다. 이 모든 것이 현대인이 자신에 대한 경외심이 부족한 상태에서 자신이 어느 위치에 처해 있는지 모르고 있음과, 한편으로 자기 자신에게 스스로 두려워하고 있음을 뜻한다고 과르디니는 보고 있다. 또한 현대에 팽배해 있는 다양성은 누구에게나 공통적으로 적용되는 삶의 기준을 흐리게 하여, 누구나 자신에게 옳게 보이는 대로 말하고 행동하게 하여 판단의 무질서가 현대 사회를 지배하고 있다. 젊은이들과 대중에게 권위를 가져 삶의 방향을 제시해 주는 자가 부재하고 있다. 그 결과로 누구나 스스로 권위를 가지기를 원하여 별로 가치도 없는 춤의 양식, 유행, 행위 등에 몰두하면서 반항을 위한 반항을 하고 있는 것으로 과르디니의 생각을 요약할 수 있다. 또한 현대의 중요한 특성 중의 하나는 통신과 언론의 발달로 개인의 고유한 영역이 쉽게 무너져 수줍음과 염치, 개인적 삶의 공간과 명예 등이 존재할 자리가 적어졌다는 것이다.

4.2. 인간에 대한 염려

인류 역사와 공간 안에서 자신의 생존을 위해 노력해 온 것이 더 이상 간과될 수 없는 하나의 문화로 축적되었고 각 개인은 이러한 축적된 문화를 통해 자신의 삶을 지속해 나가고 자신을 표현하고 있다. 앞에서 이미 여러 번 언급한 대로 이렇게 축적된 문화의 가능성이 매우 커지면서 그 문화가 그것을 만들어 낸 인간에게 위협적인 존재로 다가오고 있는 것이다. 이것을 통제하고 조절할 수 있는 힘이 현대인에게 있느냐가 중요한 관건인데 여기에 대한 보장이 없음을 우리는 앞에서 본 인간학에서 자유로운 존재로 창조된 것이 인간이고 인간의 정신은 착각에 의해 정확하지 않은 판단도 내릴 수 있음을 살펴봄으로써 알게 되었다. 헤겔이나 칼 마르크스 등은 각 개인으로서의 인간은 오판을 할 수 있어도 각 개인의 집합체인 전체, 즉 국가는 오판을 할 수 없는 것으로 보고 있다. 그러나 과르디니는 국가 역시 인간 이외의 다른 것이 아니라고 보면서 착오를 일으킬 가능성을 여전히 가지고 있는 것으로 보고 있다.[4]

도처에 경솔한 낙관주의가 팽배해 있지만 인간에 대한 염려에 구체적으로 정확한 답을 주는 이는 없다. 또한 끝에 가서는 결국 누구나 망하는 것이 아니냐는 냉소적 빈정거림도 공존하고 있다. 기술 문명을 통해 인간은 물건을 생산해 내고 그것을 수송하는 것, 또한 자신이 살아갈 집과 옷 등을 준비하는 것 등과 같은 일을 정확하게 해내고 있지만 바로 자기 자신의 개성은 잃어가고 있다. 남은 것은 무엇인가를 계속 소비하고 있는, 생명력을 상실한, 모습이 비슷비슷한 개인들이 살아가고 있을 뿐이다. 이러한 개개인들이 점점 더 증가되고 있는 임의적 자유의 삶의 시간과 공간에서 어떻게 자신의 삶을 올바르게 엮어나갈 수 있느냐가 문제이다.[5]

제2차 세계대전 발발이나 히로시마 원자 폭탄 투하와 같은 엄청난 사건들이 지배층의 몇몇 사람들의 즉흥적인 판단에서 얼마나 쉽게 일어났는가를 알고 있는 의식이 있는 현대인들에게는 이러한 사건들이 종종 전율한 정도로 와닿고 있다.

자연과의 관계에서 점점 벗어나 자신이 쌓아올린 문화적인 삶에로 깊숙히 접어든 인류가 오늘날 배출하는 수많은 산업 쓰레기와 생활 쓰레기들을 더 이상 잘 처리해 내지 못하고 있고 앞으로

---

4. *Sorge* I 11.
5. *Sorge* II 134.

점점 더 문제가 심화되어 갈 것이 전망되는 것은 하나의 종말론적 성격을 띠고 있다고 과르디니는 보고 있다. 인류는 이러한 문제들을 가능한 한 의식하지 않고 보지 않으려고 노력해 왔지만 어느 날엔가 죽음이냐 삶이냐 하는 정도에까지 도달하여 눈앞에 와닿을 것이다.[6] 이러한 현상은 증가일로에 있는 세계 인구와 기술 문명의 확산과 더불어 점점 더 가속화되어 갈 것이다. 이전에는 특권층과 부유층에만 한정되어 있던 소비 문화가 일반화되면서 모든 종류의 소비의 증가, 교통 수단의 증가, 대중 여행, 각종 통신과 수송 수단의 증가 등이 직접, 간접적으로 생활의 편리를 가져오는 동시에 문제의 심각성도 가속화하고 있다. 이러한 문제들을 극복해 나가는 데는 인간 내면의 정신적 변화뿐만 아니라 그만큼 더 합리적이고 조직적인 더 진보된 기술 문명도 또한 요청되고 있다.

4.3. 문화와 위험성

과르디니는 문화(Kultur)라는 단어로 인간에 의해 행하여지고 구성되고 만들어진 모든 것을 의미한다. 반면에 자연(Natur)이란 단어로는 인간의 손이 닿지 않은 모든 것을 의미하고 있다.[7] 인간은 자신의 생존에 의해 자연에서 문화로 옮겨가고 있다. 이러한 움직임은 인간의 생존을 가능하게 하는 하나의 안정된 요소와 문화의 정도가 높아갈수록 인간을 불안정하게 하고 위험을 느끼게 하는 요소로 구성되어 있다. 이러한 두 가지 요소를 다 안고 있는 것이 문화의 본질에 속한다. 인간이 엄청난 힘으로 다가오는 자연의 위협에 대처하기에 급급해하는 동안에는 문화적인 요

---

6. *Sorge* II 135.
7. *Sorge* I 14.

소가 인간의 생존에 필수불가결의 요소로 존재하다가 시간 속에서 이 문화가 풍요하게 쌓여갈수록 오히려 자연과 인간에게 위협적인 존재가 되고 자연에로의 복귀에 대한 요청이 커져간다. 그러나 과르디니는 순수하게 자연에로 복귀하는 것이 가능하지 않다고 보는데 그 이유로서 역사는 결코 거꾸로 흐르지 않는 것을 들고 있다.

4.3.1. 문화의 형성 요소

문화가 형성되는 것은 두 가지 요소를 지니고 있다. 하나는 인간이 자연과의 밀착된 관계에서 벗어나 어느 정도의 거리를 유지하는 것인데 여기에 전제되는 것은 정신이다. 다른 하나는 인간이 자연을 객체로 삼아 그것을 자신의 목적대로 재구성하는 것이다. 이러한 행위 안에서 인간은 대상물을 이해하려고 하여 그 가치를 알아내고 새롭게 구성해 간다. 반면에 짐승은 대상물을 이해하는 것이 아니라 대상물에 따라 느끼고 위험한 것은 피하고 필요한 것은 공격한다. 짐승에게 주어져 있는 이러한 본능은 그 짐승 안에 그 짐승의 일부로서 주어져 있는 자연적인 것이다. 그러나 인간에게는 하나의 행위가 이해와 결단을 전제로 한 인격적 발의에 의해 일어난다.

인간의 행위가 짐승의 행위와는 달리 정신에 그 기초를 두고 있는데 짐승의 행위보다 불안정한 것은 정신이 대상물을 잘못 이해하고 오판을 할 수 있는 가능성을 가지고 있기 때문이다. 자연과의 일정한 거리를 유지할 수 있는 능력이 인간의 정신에게만 있기에 인간만이 잘못을 할 수가 있다. 정신에 의해 선행을 행할 수 있는 그만큼 잘못도 행해질 수 있는 것이다.[8]

---

8. *Sorge* I 17.

4.3.2. 문화의 존재적 성격

문화적 행위와 문화적 작품은 인간의 자유, 즉 인간이 관찰하고 이해하고 판단하고 목표를 설정해서 실현하기 위해 자료들을 선정하는 이 모든 것에 근거를 두고 있다. 그런데 자연의 질서와 밀접하게 결합되어 움직이는 짐승들과는 달리 그것과 일정한 거리 유지를 가능하게 하는 인간의 자유로운 정신에 의해 바로 문화는 위험 요소를 안고 있는 것이다. 인간도 본능을 가지고 있으나 이 본능은 자유의 영역 안에서 움직인다. 인간의 자유가 역사와 더불어 깊고 넓게 펼쳐 나갈수록 그만큼 본능은 더 불확실해져 간다. 문화적인 발전이 전개되어 나갈수록 인간의 본능들은 상호 조화를 잃고 서로 갈등 관계를 가질 수 있다. 예를 들자면 인간 내면의 감각이 계속 경고를 하는데도 불구하고 쾌락을 추구하려는 경향이 지속적으로 활동해 가는 경우가 있는 것이다. 여기서 무질서가 발생되어 나온다.[9]

착각을 일으킬 수 있는 가능성은 인간 안에 본래적으로 존재한다. 그 이유는 바로 인간이 자유로운 존재이기 때문이다. 문화의 위험성은 문화가 가능한 바로 그 동질 요소, 즉 자유로운 인간의 정신에 근원을 두고 있다고 과르디니는 설명하고 있다.

4.3.3. 자연적인 것으로부터의 분리

과르디니는 인류의 역사를 세 단계로 나누고 있다. 첫번째 단계로 선사시대라고 불리는 원시적인 시대를 말한다. 두번째 단계로 과르디니는 역사시대의 시작에서부터 19세기 말엽에 이르기까지 상당히 긴 기간을 잡고 있다. 이 시대는 각 민족의 개별적 특성에 따라 다양하게 전개되어 왔지만 이러한 다양성 안에 공통적

---

9. *Sorge* I 18.

으로 존재하는 특성이 있다. 그것은 인간이 아직도 자연의 질서 안에서 그 질서와 조화를 이루고 있는 것이다.

세번째 단계는 바로 우리가 살아가고 있는 이 시대로서 학문과 기술이 자연을 지배하는 단계이다. 자연과의 일치에서 오는 안정감은 약해지고 자유의 영역은 인간의 임의적인 부분까지 넓어지고 있다. 물리학과 기술 그리고 원자력은 인간의 실현 영역의 한계를 측정 불가능하게 하고 있다. 과르디니는 우리 시대의 여러 가지 현상들이 인간이 자연으로부터 분리되는 데서 발생되는 대답으로 보고 있다.

앞의 두 시대에서 인간은 자연이 제공하는 재료들과 모습 그리고 신비들과 더불어 자신을 형성하고 삶을 유지해 나갔다. 문화적인 행위들은 인간의 손으로 움직이는 도구들과 인간의 감각과 손에 의해 수행되었다. 그러나 정확하고 분석적인 학문은 사물의 원리에 깊이 파고들어가서 마침내 기술 문명이 축적되었다. 이렇게 하여 더 완벽한 기계가 제작되고 손과 감각은 그 의미를 많이 잃게 되었다. 인간은 자연과의 직접적인 관계에서 벗어나 중간 매개체, 즉 신호와 규정들을 많이 사용하게 되었다. 이러한 세계는 자연적인 것에서 벗어나 인위적이 되어 버렸다.[10]

이러한 세계는 자체적으로 존립할 수 없고 인간에 의해 계속 유지되고 지켜져야 한다. 인간은 이러한 인위적인 세계에 자신을 내맡길 수 있는 것이 아니라 오히려 지속적으로 염려해야 한다. 이것을 유지하기 위한 노심초사와 인위성은 점점 증가일로에 있다. 이것을 통해 인간은 자연이 그의 안에 불어넣어 준 휴식에의 필요성을 충족시켜 나갈 수 없고 지속적으로 고심과 위험을 안고 가야 한다. 이러한 상태를 인간이 지속적으로 감당해 나갈 수 있

---

10. *Sorge* I 22.

는지가 하나의 커다란 의문으로 부각되었다.

이러한 것과 연관되어 현대인은 다른 인간과의 관계 유지가 어려워져 자신을 점점 더 고립시켜 가고 있다. 이러한 고립 상태에서 헤어나기 위해 대중 속으로 파고들지만 그 속에서 그는 여전히 고립 상태에 놓여 있다. 고독 속에서 그들은 쉽게 많은 사람들이 모일 수 있는 곳, 백화점이나 번화가, 야구장, 축구장 등을 찾아오지만 그 속에서도 다가오는 것은 군중 속의 고독이다. 이러한 현상은 가족 안에도 드러나서 부부간에, 부모와 자식간에도 위화감이 약해져 가면서 이혼의 증가와 세대간의 갈등 등이 현대인의 특성 중의 하나를 이루고 있다. 개인의 생활 공간과 시간은 점점 파괴되어 들어가 가족이나 개인이 자기 자신을 위해 자신과 함께 있을 수 있는 가능성이 줄어들고 있다. 신문, 방송, 텔리비전 등 대중 매체들이 그 작용의 결과이고 또한 여기에 계속 함께 작용해 나가고 있다.

개인 삶의 과도한 공개는 그가 내면에 충실을 기하면서 계속 성숙해 나가는 것을 방해한다. 이러한 상황에서 어떤 부류의 인간이 형성되어 나올는지 의문이다. 그가 쉽게 표준화되어 이러한 전체적이고 획일적인 경향에서 벗어날 수 있는 힘을 점점 더 잃어 갈 것은 쉽게 짐작할 수 있는 것이다.

과르디니는 이러한 고찰을 통해 인간 삶에 안정된 바탕을 형성하는 자연으로부터의 격리는 점점 심화되어 왔고 앞으로도 이것은 계속될 것으로 보고 있다. 이러한 자연으로부터의 분리는 이미 상당히 비판적인 상태에 도달해 있어 심각하게 와닿고 있다.

4.3.4. 현 시대의 미래 전망

문화적인 삶의 의미는 인간이 점점 더 나은 경제적 윤택을 누릴 수 있게 된다든가 자연을 더 많이 지배할 수 있는 것에 있는 것이 아니라 각 시대와 상황이 요구하는 것에 따라 성숙된 정신적이고 윤리적인 판단을 하여 자신의 존재를 정립시켜 나가는 것에 있다.

점점 빠르게 변화해 가고 있는 오늘날의 문화 속에 있는 우리는 진보가 가져다 줄 영광스러운 미래에 대해 희망하는 낙관적인 면과 문화의 부정적인 요소들이 증가되어 균형을 잃고 무질서 속에 걷잡을 수 없는 상태로 빠져들 것 같은 측면을 동시에 안고 있다. 지금까지 진보해 온 것으로 보이는 문화를 전체적으로 살펴볼 때 하나의 진보 배경에는 반드시 그만큼의 손실이 자리잡고 있음을 알 수 있다. 그래서 문화의 전체적인 현상이 궁극적으로 더 나은 방향으로 나아가고 있느냐 아니면 부정적인 방향으로 내려가고 있느냐에 대한 물음에는 결정적인 대답이 주어지지 않고 있다.[11]

점점 더 전문화되어 가는 학문은 그 종사자들로 하여금 시야를 좁게 하고 있고 종합적인 사고를 시도해 보는 사람들은 흔히 깊은 이해에 도달하지 못하고 취미주의에 빠져들고 있다. 또한 연구와 예술 등에 종사하는 사람들은 그것이 인간사회에 미칠 영향에 대해서는 별로 고려하지 않고 단순히 연구를 위한 연구, 작품을 위한 작품에 급급해하기도 한다. 경제 운영이나 정치에 종사하는 사람들은 짧은 안목으로 당장 다가올 눈앞의 이익에만 급급해한다. 이러한 상황에서 어떠한 부류의 인간이 형성되어 나와 긍정적인 혹은 부정적인 미래 어느 방향으로 우리 시대의 문화를 이끌어 나갈는지 의문으로 남고 있는 것으로 과르디니는 염려하고 있다.

---

11. *Sorge* I 30.

4.4. 근대의 종말

4.4.1. 중세 세계관과 존재 느낌

고대의 사람은 이 세계를 벗어나서 객관적으로 바라보는 사고를 하지 않았다. 그의 삶에 대한 이해와 느낌 등은 세계 안에 머물고 있었다. 그는 세계 밖에 존재할 수 있는 어떠한 점도 생각할 수가 없었기 때문에 거기에서부터 세계를 관찰하겠다는 생각을 가지지를 않았다. 그의 모든 삶과 문화적인 행위들도 세계 안에 머물고 있었다. 과르디니는 이러한 현상이 특히 종교적인 차원 안에 존재하였던 것으로 보고 있다. 고대인들에게는 이 세계가 신비에 가득 찬 신적인 존재로 비쳐졌던 것이다. 인간은 이러한 신비적 영역 안에 있고 인간 안에 역시 이러한 존재가 자리잡고 있었고 이러한 것을 체험하는 것이 곧 종교의 바탕을 이루고 있었다.[12]

그러나 중세의 사람들은 계시를 믿음으로써 이러한 세계관으로부터 많이 벗어나게 되었다. 신화적이고 단순한 철학적이던 세계관과 신관에서 벗어나 세계 위와 밖에 존재하는 하느님을 믿게 되었다. 이것을 통해 고대인들에게는 없었던 사고, 즉 세계를 객관적으로 보면서 일정한 거리를 유지하여 한눈으로 파악하는 자유를 가지게 되었다.[13]

그러나 중세에는 아직도 근대와 같이 학문적인 탐구를 깊이하여 경험적이고 정확한 객관적 세계에 대한 지식을 밝혀내지는 않았다. 세계 내에 존재하는 모든 사물들과 그 규칙은 하느님으로부터 유래되고 지켜진다는 것이 중세인들에게는 주 관심사였다. 과르디니도 다른 여러 학자들과 같이 중세는 종교적인 것으로 가

---

12. *ENM* 13.
13. *ENM* 16.

득 찬 시대였던 것으로 보고 있다. 중세의 사람들에겐 진리를 향한 강한 욕구가 내면에 자리잡고 있었다. 이들은 자연 사물을 경험적이고 분석적으로 파헤쳐 알아보려고 노력하기보다는 명상적으로 진리 안에 침잠하여 여기에서 존재에 대한 종합적인 정신적 사고를 구성하려고 노력했던 것이다.[14]

4.4.2. 근대 세계관의 발생

중세적 세계관은 14세기에 접어들면서 와해되기 시작하여 14세기 후반부터 15세기에 걸쳐 새로운 변화의 시기를 맞이하게 되었다. 이 시대의 인간은 점점 경험적이고 분석적인 방법을 통하여 이미 사전에 형성된 사고의 범주에서 벗어나 직접 외부 세계의 실제를 파악해 보려고 노력했다. 이렇게 하여 근대적인 경험주의와 합리론이 성립되었다. 학문은 지금까지 종교적으로 규정되었던 삶과의 일치에서 벗어나 자주독립을 선언했다.[15]

동시에 근대적 개개인의 인권과 인격에 대한 의식이 깨어났다. 개인은 자기 자신과 자신의 현상에 대해서 흥미를 가지게 되었고 천재가 숭상을 받게 되었다. 이렇게 해서 스스로 용기를 가지고 새로운 분야를 개척하고 만들어 내는 사람들이 생겨났다. 그러나 이런 현상과 더불어 근대인은 중세인이 가졌던 객관 세계와의 일치에서 오는 안정감을 잃게 되어 주관에 쉽게 빠져들면서 상실감에서 오는 위협적 요소를 갖게 되었다. 근대인들에겐 세계가 더이상 존재의 기반을 이루는 것이 못되는 불안정한 것으로 와닿고 있었다. 인간이 인간 스스로에게 중요해지고 특히 보통을 뛰어넘는 천재적 존재가 가치의 기준이 되었다. 또한 윤리적 규범들은 각 개인에게 상대적인 것으로 인식되었다. 천재적인 존재가 신비

---

14. *ENM* 26.
15. *ENM* 31.

에 가득 찬 것, 즉 신적 존재에 대해 건네주던 사고와 연결되게 되었다. 중세 때의 문화적인 요소는 하느님의 창조물에 봉사하는 것으로 개념되었던 것이 르네상스에 접어들면서 스스로 독립적으로 가치있는 것으로 주장하고 나왔다. 세계는 더 이상 창조물이 아니고 스스로 존재하는 자연적인 것으로 인식되어지고 인간의 작품들은 하느님의 창조물에 대한 봉사의 행위가 아니라 창조적인 행위의 작품으로 여겨지게 되었다. 인간은 더 이상 봉사하고 기도하는 자가 아니고 창작하는 자로 여기게 되었다.

근대인은 자연을 더 이상 하느님의 창조물로 여기지 않음으로써 자신의 활동의 재료로 삼게 되었으며 자신을 자주 독립적인 인격체로 봄으로써 이들 자연 위의 지배자로 여기게 되었다.[16] 이러한 의식 위에 기술 문명이 축적되어 인간은 자연 사물을 자신의 임의적 목적을 성취하기 위한 재료로 생각하게 되었다. 학문과 정치, 경제, 예술, 교육 등은 의식적으로 신앙과 일반적으로 의무적인 것이었던 윤리 기준과의 관련성을 끊고 자주독립을 점차적으로 선포하게 되었다.

4.4.3. 근대 세계관의 종말

그러나 현대에 와서 발생되고 있는 여러 가지 부정적 현상들은 이러한 근대의 세계관이 착각에 기반을 두고 있음과 이미 저물어 가고 있음을 알려주고 있다. 근대는 기술 문명의 활용으로 인간의 복리를 증진시키려고 주력해 왔으나 이것이 자신의 한계를 넘어서서 세계를 자신을 표현하는 도구와 지배의 대상으로 전락시키고 말았다. 인간의 세계를 지배하려는 노력이 성취될 경우 인간은 세계에 대해서 폭력적이 될 것이며 성취되지 않을 경우엔

---

16. *ENM* 40 이하.

그러한 과장된 노력과 더불어 모두 함께 멸망하고 말 것으로 과르디니는 보고 있다.[17]

　인위에서 벗어나서 조화된 자연으로 돌아가자고 한 루소의 주장은 본래적으로 이러한 기술 문명에 절제와 방향을 바로잡는 것을 통해 조화를 이루자고 한 것이지 그 문화 자체를 문제삼은 것은 아니다. 그리스도교적 비판은 계시 진리의 안목으로 인간이 세계와 자신의 작품 안에서 자신을 잃어버릴 위험성을 인지하여 진보에 대한 맹목적인 낙관주의를 재고찰해 볼 것을 권고한다. 과르디니는 다음과 같이 말하고 있다:

> 오늘날에는 문화 자체의 내부에서 의혹과 비판이 나오고 있다. 인류는 문화에 대해 더 이상 신뢰를 하지 않고 문화가 무엇인가 잘못되어 있음을 느끼고 있다. 인류는 문화 앞에서 주의를 기울여야 할 것으로 생각하게 되었는데 그것은 문화가 단순히 부정적인 요소들을 갖고 있다고 해서가 아니라 문화의 기본적 의도와 바탕이 잘못되어 있다고 여기기 때문이다.[18]

근대 문화, 즉 학문, 철학, 교육, 사회학, 문학 등이 오류 속에 빠져든 것을 과르디니는 현대에 드러나는 부정적 현상들로 봐서 자명한 것으로 보고 있고 그러한 오류에 빠져들게 된 원인이 바로 인간에 대한 이해, 개개인에 대한 이해뿐만 아니라 인류 전체로서의 인간에 대한 이해가 잘못된 것에 있는 것으로 설명하고 있다. 결국 인간은 낙관주의자나 유물론자들이 본 그런 존재가 아니며 이상론자나 존재론자들이 본 그러한 존재도 아니었다. 근대가 여러 가지로 개념한 그런 종류의 인간은 없는 것이다. 근대

---

17. *ENM* 51.
18. *ENM* 66.

는 인간을 인간이 결국 속할 수 없고 속하지 않는 일정한 틀, 즉 기계적·생물적·심리적·사회적으로 규정된 틀 안에 집어넣고 창조된 존재가 아니라 정신을 가진 자연적인 존재로 만들어 보려고 시도하면서 인간이 "유한한 인격체로 하느님에 의해 만들어졌다"는 사실을 부인하려고 애를 썼으나 결국엔 실패하고 말았다.[19]

　근대 이후의 인간은 엄청나게 증가되는 자신의 힘을 조절할 수 있는 분명한 양심과 책임감을 함께 키우지 못해 왔다. 자신의 힘을 올바로 사용할 수 있는 능력이 결여되어 있을 뿐만 아니라 문제를 문제로 느끼는 의식조차 여러 종류의 전쟁을 쉽게 유발시키는 것을 볼 때 제대로 갖추고 있지 못한 것이 분명하다. 이런 상황에서 현대인이 자신의 힘을 잘못 사용할 수 있는 가능성은 점차적으로 증가되고 있는 추세에 있다. 인간은 자연 현상과 존재 사물에 대해서는 막강한 힘을 가지고 있으나 자기 자신의 힘을 조절할 수 있는 힘은 아직 가지고 있지 않다. 자유를 가진 인간이 자신의 힘을 항상 옳게 사용한다는 것에 대한 보장은 전혀 없다. 오직 있을 수 있는 것은 자신의 존재 상황을 잘 파악하고 있는 인간이 좋은 의지력을 발휘해 주기를 희망해 보는 개연성뿐이다. 자신의 막강한 힘에 준비가 덜 된 근대 이후의 인간에게 이러한 상황에 맞게 보편적인 행동 사고와 행동의 지침을 줄 만한 윤리적 기준이 아직도 밝혀지지 않고 있다. 또한 이러한 것을 위한 교육 역시 개발되어 있지 않다.

　과르디니는 이제부터 새로운 시대가 열려야 하며 그것은 이미 시작되고 있는 것으로 보고 있다. 현대인에게는 우선 이러한 전체적인 상황을 잘 파악하여 진리에로 나아가려는 강한 진지성이 요청되고 있다. 또한 이미 존재하고 또한 다가오는 위험들 앞에

---

19. *ENM* 69.

피하지 않고 정면 도전할 지성에 호소하는 정신적이고 인격적인 용기가 요청되고 있다. 그리고 또한 자기 자신을 스스로 조절할 수 있는 역량을 기르는 자기 훈련이 필요하다. 인간은 절제와 극복으로 자기 자신의 주인이 되는 힘을 길러 자신의 힘에 대해서도 주인이 될 수 있도록 익혀나가야 한다.[20] 이러한 것에서 힘을 조절할 수 있는 힘, 즉 훌륭한 통치의 예술이 형성되어야 한다. 이러한 훌륭한 통치의 예술을 진정한 의미의 힘이라 할 수 있겠다.

4.5 권력 (die Macht)

4.5.1. 권력의 본질

자연 사물은 에너지이거나 에너지를 가졌다. 그러나 권력이란 이러한 자연의 에너지를 의식을 가진 존재가 그 에너지를 인식하고 자신의 자유로운 결정에 의해 어떠한 목적을 세우고 그 목적을 성취하기 위해 이 에너지를 방향지을 때 형성되는 것으로 과르디니는 해석하고 있다. 권력은 구체적인 사물을 변형시킬 가능성을 갖고 있는 자연 에너지와 의식을 가진 존재인 자신의 목적 달성을 위한 의지, 이 두 개로 이루어진다. 이러한 구조를 가진 권력은 처음부터 선한 것과 악한 것으로 구분되어 있는 것이 아니고 그것을 수행하는 인간의 정신적인 지향에 달려 있고 그것을 수행하는 인간의 정신에 권력을 사용하는 데 따른 책임성이 과제로 부여된다.[21] 인간의 자유로운 판단과 깊은 연관성을 가진 권력은 그것의 크기에 따라 위험성도 정해지는 것으로서 인간 삶의 모든 영역과 연관을 짓고 있다. 작은 일상생활의 행위 하나에서

---

20. *ENM* 78.
21. *ENM* 103.

부터 크게는 국가 정책을 입안하는 것까지 모두 일반적이고 존재론적인 권력의 성격을 띠고 있다. 권력 사용의 긍정적인 측면으로는 스스로의 삶을 매 순간 결정하고 유지해 나가는 것이며, 부정적인 측면으로는 교만과 허영심의 배출을 들 수 있겠다.

4.5.2. 권력에 대한 신학적 이해

권력에 대해 더 깊이 이해하기 위해서는 계시에서 권력에 대해 어떻게 뜻하는지 알아 보는 것이 중요하겠다. 창세기 1—2장에 보면 인간에게 존재하는 모든 자연 사물과 자기 자신의 삶을 지배할 수 있는 권한, 즉 권력이 주어져 있음을 알 수 있다. 이러한 권력이 주어져 있는 근거는 바로 인간의 하느님을 닮은 모습에 기원을 두고 있다. 이러한 사실은 인간이 권력을 사용함에 있어서 홀로 독립적이어서 임의적으로 수행해도 된다는 것을 의미하는 것이 아니라 하느님으로부터 자신과 자연 사물의 올바른 관리를 위해서 선물로 빌려 받았으며 권력의 사용에는 하느님 앞에 책임도 따른다는 것을 의미한다. 과르디니는 다음과 같이 말하고 있다:

> 권력을 사용하여 자신의 삶과 자연 사물을 지배한다는 것은 하느님께 순종과 봉사를 수행하는 의미를 갖고 있다. 지배를 통해 인간이 임의대로 자신의 세계를 만들어 나가도 좋은 것이 아니라 세계를 하느님의 뜻에 따라 인간적인 자유로운 세계 안에 완성시켜 나가야 한다.[22]

근대에 들어와서 겸손이란 말이 그 의미를 많이 상실했지만 원래 그리스도교적인 의미에서는 적극성을 지닌 강한 덕의 항목에 들

---

22. *ENM* 113.

어간다. 이러한 겸손의 덕이 인간 안에 가능하게 하는 원천도 하느님 자신이다. 피조물의 모든 겸손은 하느님의 인간이 되어 오신 겸손에 일치되어 들어간다. 이러한 하느님의 행위는 사랑에 근거를 둔 자신의 자유로운 결단에 의한 것이다. 예수의 스스로의 결단에 의해 종의 신분을 유지한 것은 약함에 근거를 둔 것이 아니라 자신을 스스로 조절할 수 있을 만큼 강인한 힘의 작용에 기원한 것이다. 그는 겸손을 자의적으로 치닫기를 원하는 폐쇄적인 권력의 굴레로부터 해방시켜 주는 전제 조건으로 삼고 있다. 이러한 것은 예수의 사건과 더불어 이미 세계 안에 와 있고 그것이 각 개인과 시간에 따라 어떻게 구현되어지느냐는 각자의 과제로 남아 있다. 역사는 각 개인과 더불어 그의 삶 안에서 매 시간 새롭게 시작되고 있기 때문이다.

4.5.3. 새로운 세계관과 인간관

세계 내에 무한한 가능성을 보던 근대의 세계관과는 달리 새로운 세계관에서 현저하게 드러나는 것은 이 세계가 만들어진 존재로서 일정한 한계성 안에 제한되어 있다는 것이다. 그러므로 인간은 자신의 행위를 무한히 뻗어나가도록 풀어 놓을 것이 아니라 이 세계 안의 가능성과 질서에 따라 조절해 나갈 수 있는 정신적인 힘, 즉 회개와 진지성을 가지는 것에 미래를 희망해 볼 수 있겠다. 인간은 세계의 역사가 흘러가는 방향과 이 세계와 자신으로부터 어떠한 것이 형성되어 나오게 될는지 여기에 대해 책임감을 깊이 의식하고 있어야 한다. 인간은 이러한 것을 옳게 할 수도 있고 틀리게 할 수도 있는 가능성을 동시에 가지고 있는데 그것을 올바른 방향으로 수행해 나가기 위해서는 플라톤이 인간에게 주어진 의무 중의 하나로 강조하던 "정의", 즉 사물과 사건의 성질이 요청하는 것에 맞추어 그것으로부터 올바르게 인식되는

것을 따라 자신의 판단을 결정해 나가야 한다.[23]

이러한 세계는 스스로 되어져 가는 것이 아니라 인간이 자발적으로 용기를 내어 이끌어 가야 한다. 세계는 살아 있는 협조자로서 인간을 "관리자"로 요청하고 있다. 각 개인은 자신이 있는 곳에서 자신의 하는 일을 통해서 세계의 관리자로서 협력해 나갈 수 있다. 각 개인이 자신의 자유로운 정신적 역량과 가치에 세계가 맡겨져 있음을 인식하지 못한다면 어떠한 세계 내의 기구, 즉 정부, 법정, 협정 등도 궁극적으로 도울 수 없는 것이다. 여기서 과르디니는 단순히 자신의 명예와 당의 이익만을 추구하여 정책과 사업을 입안하고 꾸려나가는 사람들은 심한 위선자들이라고 지적하고 있다. 세계의 관리자로서의 역할을 올바르게 수행해 나가기 위해서는 사물과 사건의 다양성과 서로 복합적으로 얽혀 있는 구조들을 파악해 내어 일정한 조화를 이루도록 하여 그 안에 인간과 사물이 안주할 수 있도록 이끌어 가야 하겠다.

여기서 관리자로서의 역할을 수행해 나가도록 위임받은 인간이 과연 그것을 어떻게 수행해 나갈 것인가가 또 다른 의문으로 제기되고 있다. 현대를 살아가고 있는 인간은 이제 더 이상 근세의 인간처럼 세계를 스스로 존재하는 무한한 자연적인 것으로 보지 않고 유한한 것, 위험에 놓여 있는 것으로 보고 있다. 그는 이제 더 이상 진보에 대해 맹목적으로 낙관하지 않고 그것이 쉽게 부정적인 방향으로 치달을 수 있음을 안다. 그는 원리가 무엇인지를 알고 명령할 줄도 순종할 줄도 안다. 그는 이것을 단순히 수동적으로 해야 하기 때문에 하는 것이 아니라 양심에서 말하는 책임감을 갖고 인격의 가치를 존중하여 인간이 그 속에서 살아가도록 질서를 존중하기에 능동적으로 수행해 나간다.

---

23. *ENM* 163.

진정한 의미의 순종과 명령의 수행은 바로 절대적 권위, 즉 모든 존재의 관계의 중심이자 척도인 하느님의 존재가 인정될 때 비로소 가능한 것이다. 인간이 올바르게 명령할 수 있는 것도 하느님으로부터 할 때 가능하고 올바른 순종도 그에게 할 때 가능한 것이다.[24] 이러한 사람은 자기 훈련이 무엇인가를 안다. 그는 궁극적으로 자기 자신을 다스리는 것과 관련을 맺고 있지 않는 다스림이란 없다는 것을 또한 안다. 인간 내면의 본능은 처음부터 질서지어져 있는 것이 아니라 조절되어져야 한다. 올바르게 명령하고 순종하기 위해서는 이러한 본능과 성향에서 벗어나야 가능하다. 그는 또한 이런 일을 수행하는 데는 외부에 존재하는 고통을 피하지 않고 받아들이며 상황이 요청하는 일정한 희생을 감당해 내야 함을 알고 있다.

그는 또한 같은 상황에서 함께 일하면서 서로 보완하고 돕는 동료와의 진정한 우정을 유지하는 것이 중요하다는 것도 알고 있다. 그는 개인적인 동정심이나 거부감을 넘어서서 이웃에게 도움을 건네줄 의무가 있음을 안다. 이것은 혈연 관계나 이끌림 등과 같은 특별한 관계를 넘어서서 무조건적인 것이다. 이것을 가능하게 하는 힘은 마음으로부터 자유롭게 건네주는 정신에서 나온다. 이러한 정신에서 경외심, 관대, 자비, 다정함, 내적 진실과 같은 모든 것이 나온다.

이러한 분명함에서 그는 학문과 기술의 발전이 가져다준 모든 현상들의 내면을 꿰뚫어볼 수 있는 정신적 역량을 가진다. 자유주의자들이 신적으로 우상화시킨 문화적 요소의 허위, 전체주의자들의 세계 완성에 대한 환상, 부정적 비관주의, 새롭게 일어나는 종교적 환상과 신화 등과 같은 종류의 허망함을 꿰뚫어본다.

---

24. *ENM* 172.

4.6. 현대 세계 내에서 그리스도인의 과제

앞에서 살펴본 대로 이러한 상황에 놓인 현대인 특히 그리스도인은 어떻게 자신의 행동을 취하여 나갈 수 있는지를 알아야 한다. 물론 복합적으로 얽혀 있는 사회 문제, 경제 문제, 교육 제도, 각종 실험실의 연구, 예술 등과 같은 분야에 대한 정책을 입안하고 수행해 나가는 정치의 결정들이 매우 중요하다. 그러나 여기서는 각 개인들의 삶에서 누구에게나 공동으로 해당될 수 있는 정신적인 판단과 결단 그리고 자기 교육 등에 대해서 다루어 보기로 한다.

과르디니는 하느님의 존재를 받아들이지 않는 무신론자들은 현대 사회의 복합적인 요소들을 제대로 풀어낼 능력이 없는 것으로 보고 있다. 자신의 힘을 통제할 수 있을 만큼 강한 힘은 학문이나 기술에서 오지 않고 또한 자주독립적인 개인의 윤리의식이나 국가의 현명한 지혜에서도 오지 않는다.

구제의 능력을 실질적으로 가지고 있는 것은 살아 계신 하느님과 일치를 유지하고 있는 각 개인의 양심으로 과르디니는 지적한다. 모든 철학적인 신 개념과 귀납적인 진리를 초월하는 살아계신 하느님은 당신의 피조물을 진지하게 사랑하며 귀중하게 생각하여 피조물과 인격적인 일치를 유지하고 있다. 이렇게 하여 그리스도인은 이러한 하느님의 의도와 일치에로 나아가도록 불리움을 받고 있다. 지금까지도 그리스도인은 세계 안에서 세계를 사랑해 왔지만 오늘날처럼 분명하게 모든 상황을 정확하게 살펴보고 책임감을 수행해야 할 과제를 느껴본 적은 없었다. 그 과제란 바로 인간의 힘이 불손과 어리석음으로 가득 찬 자들의 손에 넘어가 하느님의 창조물인 세계를 영원히 파괴하는 것으로부터 보호하는 것이다. 그리스도인은 단순히 죄로부터 자신을 지키는 것

에만 급급해서는 안되고 이 세계가 스스로 자기 자신과 올바로 존재하도록 염려해야 한다.[25]

　현대인의 삶에는 또한 명상적인 요소가 요청된다. 이것은 지난 몇 세기 동안 합리적이고 활동적인 삶의 요소에 의해 점차 약화되어 왔다. 여기서 명상적이란 것이 일종의 신비주의와 관련을 갖는 것을 의미하는 것이 아니고 실제적이고 현실적인 성격을 갖는 것을 말한다. 활동적이어서 외부 지향적인 현대인의 내면에 인간의 정신을 끊임없이 동요시켜 산만하게 하는 외부의 여러 가지 복합적인 자극에 견딜 수 있는 충실한 자아가 형성되어 있어야 한다. 각 개인은 진리에 바탕을 둔 양심의 힘을 외부의 모든 선전과 혼란한 유혹보다 더 강하게 자라나도록 해야 한다. 이러한 내적 세계와 양심의 힘을 키우도록 하는 것이 오늘날의 그리스도인 교육에 중요한 과제라고 할 수 있겠다.

　자기 수련(Askese)이란 근대 이후 현대에 와서 비현실적이고도 자학적인 부정적 요소로 인식되어 거부되어 왔다. 그러나 현대와 미래를 살아갈 세대의 인간은 엄청난 양의 정보를 처리하고 종합해 내야 하는 상황에 피할 수 없이 놓여 있고 이러한 것을 산만한 정신력으로는 올바르게 이루어 나갈 수 없다. 이러한 것은 오로지 하느님과 일치를 이루어 내적으로 통일된 사람만이 이행해 나갈 수 있다. 하느님과 긴밀한 협력 관계를 이루고 있는 그리스도인이 현대 문화적 삶의 내면을 꿰뚫어보고 올바른 판단을 가질 수가 있는 것이다. 이것은 저절로 이루어지는 것이 아니라 이것을 이행하는 사람의 노력에 의해 전진되어 나가야 한다. 이것이 가능하도록 하는 것이 자기 수련인 것으로 과르디니는 보고 있다.[26] 끊임없이 소비와 즐기는 것에로 그리고 탐욕과 명예욕으로

---

25. *Sorge* I 81.
26. *Sorge* I 35.

나아가려는 경향을 통제하여 자기를 훈련하는 것, 그렇게 하여 좀더 가치있고 자유로운 삶에로 나아가는 것을 가능하게 하는 것이 현대인에게 요청되는 자기 수련이다.

4.7. 우리 시대에서의 믿음

이 장의 마지막 단계로 과르디니의 우리 시대에서의 믿음에 대한 생각을 간추려서 알아보도록 하자.

믿음이란 하느님의 계시에 대한 인간의 응답이다. 창조주는 인간에게 인간이 그 속에서 자신을 구현해 나가면서 당신의 나라를 건설하도록 세계를 인간에게 맡기셨다. 계시는 이러한 일이 잘 이루어지도록 인간을 자신이 현재 처해 있는 자기 폐쇄적이고 파괴적인 행위와 상태로부터 벗어나서 구제되기를 원한다. 그리스도교란 세계 위에 존재하는 여러 종류의 종교나 심리적인 상태 중의 하나가 아니다. 태어날 때 그리스도인으로 태어나는 사람은 없으며 매 순간 주변 상황과 조건을 뚫고 계시가 각 개개인을 그리스도에로 부르고 있다. 신앙은 각 자연인으로 하여금 자신의 생각과 세계관을 바꾸도록 지속적인 회개를 요청하고 있다. 이러한 계시는 그 내용이 영원성을 담고 있기 때문에 시간에 제약을 받지 않는다. 그러나 동시에 계시는 시간 안에 이루어지므로 역사성을 가진다. 그러므로 각 시대의 상황에 따라 계시는 그 시대의 옷을 입혀 새롭게 말해져야 하고 또한 여기에 새롭게 응답되어져야 한다.

우리 시대의 종교적 특성으로서 무신론의 강한 등장을 들 수 있겠다. 그러나 한편으로 이러한 무신론에 의해 그리스도교의 세계와 인간에 대한 이해가 내용적으로 더욱 확고하게 자신을 확인하게 되었다. 의식이 있는 신앙인은 현대의 물질 문명주의적이고 무신론적·복합적인 상황에도 불구하고 자신의 자유를 느끼고 있다. 현대의 신앙인은 존재와의 관계에 있어서 인격이 바탕이고 정신이 실질적이며 어떠한 양도 질에 앞설 수 없음을 알고 있다. 또한 그는 이 세계가 유한한 존재임을 앎으로써 세계와 세계의 여러 종류의 규칙들이 강하게 다가와도 이들에 대해 내적인 자유를 가질 수 있다. 이것은 어떤 형이상학적인 원천에 의해서가 아니라 바로 하느님과의 관계 정립으로 가능한 것이다. 각 개인이 어느 정도 이러한 관계를 정립해 있느냐 하는 것은 그의 내면 세계의 깨어 있음과 자신의 결단에 달려 있다.

현대의 신앙인은 모든 종류의 학문적 질문에 대해 자신의 신앙을 지켜 나가고 응답하여야 함을 알고 있으며 또한 준비도 되어 있다. 그는 학문의 경향과 정치적 상황에 대해서 이해하여 그러한 것을 일정 거리를 두고 관찰하는 능력을 가지고 있으면서 실제적인 참된 권위를 갖고 있지 않는 그들에게 권위를 허락하지도 않는다. 그는 또한 세상 안의 모든 인간적인 사물과 사건들이 역사적인 존재이며 시간 안에서 끊임없이 흘러가고 또한 오고 있다는 것을 알고 있고 그래서 더욱더 계시의 핵심이 절대적 성격을 가진다는 것도 안다. 오늘날에 있어서 신앙은 심사숙고되고 비판을 통해 계속 정화되어 다양한 상황 안에서도 자신의 정체를 지켜 나가야 한다는 것, 즉 의혹들을 거슬러 계속 자신을 일으켜야 함을 알고 있다.[27]

신앙은 또한 지나간 과거에 일어났던 오류들이 그 영향을 남겨 두고 있고 그것을 지고 나가야 함을 알고 있다. 이것을 통해서 일어난 불신앙의 공간들은 오히려 복음 선포의 대상이 되고 있으

---

27. *Sorge* I 112 이하.

며 그것을 강하게 요청하고 있는 것으로 과르디니는 희망적으로 보고 있다. 이렇게 해서 다른 측면, 즉 새로운 신뢰와 희망이 보이고 있다. 이것은 과거의 것보다는 오히려 더 나은 지속적인 비판과 심사숙고에 의해 정화된 바탕을 가지고 있다.

5
문제 해결을 위한 과르디니의 처방

앞의 고찰에서 우리에게 당면한 과제들이 무엇인지 어느 정도 밝혀지고 있다. 본서에서 그 모든 것을 다룬다는 것은 불가능한 일이므로 여기서는 과르디니가 모든 문제 해결의 근원인 각 개인의 내적 자세 정립에 도움이 되는 내용들을 언급한 것을 살펴보도록 하자. 그는 많은 기회에 여기에 대해서 주저없이 강의와 강론 그리고 저서들을 통해서 가르쳤다. 본서에서는 그의 주저에 속하는 〈살아 계신 하느님〉(*Vom lebendigen Gott*, Mainz 1981), 〈덕행들〉 (*Tugenden. Meditation über Gestalten sittlichen Lebens*, Mainz 1987)과 〈인간에 대한 염려〉(*Sorge um den Menschen*, Band 1, Mainz 1988)에서 저자가 중요하다고 여기는 항목을 임의로 뽑아서 간추려 소개하고 간단한 해설을 덧붙이도록 한다.

현대 문제를 극복하기 위해서는 각 국가가 상호 협조하고 국가 내에서는 정책을 현명하게 세우고 수행해 나가는 것도 중요하지만 구체적인 삶을 살아가는 각 개인이 자신의 삶을 정립하여 함께 참여해야 한다. 각 개인이 자신의 삶을 정립하는 데 도움이 되도록 아홉 개의 중요한 주제들, 즉 회개, 마음을 비움, 자기 수련, 정의, 자비, 감사, 마음을 모음, 자신을 있는 그대로 받아들임, 우리 시대에 성인이 되는 길 등을 골라 보았다. 물론 이것 이외에도 과르디니는 더 많은 종류들을 얘기하고 있으나 소개하기 위한 본 장이 장황하게 길어지지 않도록 고려했다. 자연과 외부 세계에 대해서 막강한 힘을 가진 인간은 이젠 자기 자신에 대해서도 통제할 수 있는 힘을 가져야 한다. 이 힘은 외부에서 주입될 수 있는 것이 아니고 유일하게 대화를 향한 자기 개방과 스스로의 교육과 훈련을 통해서 키워나갈 수 있는 것이다.

5.1. 회개 (Metanoia)

과르디니에 의하면 단순히 엄격한 윤리적인 규범과 양심에 따라서만 살아가는 사람에게는 본질적인 의미에서의 회개란 것은 없다. 회개란 살아계신 하느님과 관련을 맺고 있다. 회개한다는 것은 자신의 잘못을 인정하고 그것을 수정하고 회복시키려고 하는 것일 뿐만 아니라 살아계신 하느님 앞에 정면으로 대면하는 것이다. 사랑으로 가득 찬 하느님은 피조물을 만들 능력이 있을 뿐만 아니라 잘못으로 얼룩져 고생하고 있는 그 피조물을 다시 깨끗이 정화시킬 능력도 가지고 있는 것이다. 회개한다는 것은 바로 이러한 하느님의 깊은 신비에 나아가는 것을 의미한다.

회개하는 자는 자신의 잘못을 감추지 않고 진실을 원하면서 하느님 앞에 나아가 자신을 스스로 고발하여 하느님의 뜻이 실행되기를 청한다. 또한 하느님의 사랑과 은총을 믿고 냉혹한 정의에 의해서만 처벌받기를 원하지 않는다. 회개는 하느님이 베푸는 용서에 일치하는 인간 안에 일어나는 행위이다. 용서하는 능력이 있는 하느님께 회개할 능력이 있는 인간이 나아가는 것이다.

그리고 회개 자체가 하나의 선물이다. 한 사람이 후회하면서 하느님께 나아오는 그 안에 벌써 하느님이 계시며 그 안에 하느님이 회개를 선사하신 것이다. 이러한 회개를 통해서 어떤 것이 드러났을 뿐만 아니라 회개하는 내가 새로이 태어난 것이다. 나는 새롭게 시작하는 것이다. 이것은 하나의 깊은 신비이고 이것을 가능하게 하는 분이 바로 살아 계신 하느님이라고 과르디니는 강조하고 있다.

우리는 하느님께서 나 자신만 사랑하는 것이 아니라 나의 이웃을 비롯한 모든 사람, 모든 동·식물, 당신이 만든 모든 것을 사랑한다는 것을 인정해야 하겠다. 아씨시의 성 프란치스꼬가 존재하는 모든 동·식물들을 바라보았던 그 사랑의 눈으로 우리 역시 내 주변의 모든 것을 보아야 하겠다. 여기서 우리는 우리가 주변의 자연과 사물 그리고 사람들에 대해 외경심 없이 대하는 것이 얼마나 크게 하느님을 모욕하는 것인지를 알 수 있다. 현대의 기술 문명이 가져다준 부정적인 요소들, 즉 자연을 마구 훼손하고 이용의 대상으로만 생각한 것에 대해서 우리는 회개하고 다시 관계를 회복해 나가야겠다. 또한 세계 내에 존재하는 가난한 국가와 개인에 대한 직접·간접적인 압박과 포탈 그리고 무기력하게 아무 일도 하지 않고 있는 것으로부터 회개하여 올바른 분배와 나눔의 관계를 갖도록 노력해 나가야겠다.

5.2. 마음을 비움

나와 너의 관계가 올바로 정립되기를 원한다면 우선 목적의식을 비우고 너를 있는 그대로 받아들이고 너와 함께 너 안에서 살아야 한다. 너의 상황에 맞추어 그 상황이 요구하는 뜻에 따라야 한다. 즉, 대화에 있어서나 함께 일하는 데 있어서, 기뻐함에 있어서, 위험이나 슬픔, 그외 모든 종류의 운명을 지고 나가는 데 있어서 그 상황의 논리에 따라 맞추어 나갈 수 있어야 한다. 진정한 우정과 사랑, 함께 일하는 데 있어서의 맑은 협동, 어려움을 당하고 있는 이에게 사심없는 도움을 건네는 것 모두가 이러한 정신자세에서 가능할 수 있다. 만약 이 안에 어떤 종류의 목적 의식이 개입되면 그 행위는 순수하지 못하고 굽어들고 만다.

어느 한 사람이 자신의 것을 더 많이 성취해 나가려고 애를 쓰면 상대는 그만큼 자신을 웅크리고 거부감을 갖게 된다. 그러나 그가 순수하게 상대와 함께 있기를 원하고 그에게 진정한 봉사와 상황이 요구하는 자연스런 일을 해나가기를 원할수록 상대는 자신을 보호하려는 본능을 풀고 함께 협력하게 된다. 목적의식이 적게 개입될수록 한 개인의 개성적 힘은 더 강해지게 된다. 이 개성의 힘은 진실한 삶에서, 올바른 생각에서, 일에 대한 맑은 정신자세에서 그리고 깨끗한 의지에서 생겨나는 것이다.

이러한 것은 인간과의 관계에서뿐만 아니라 자신의 일과의 관계에서도 마찬가지로 성립된다. 만약 어떤 사람이 자신의 목적의식, 즉 명예와 부를 추구하는 것에만 사로잡혀 일해 나간다면 그는 일에서 오는 기쁨과 자유를 알지 못하고 노예가 되고 마침내 그 일도 순조롭게 진행시켜 나가지 못할 것이다. 한 개인은 그가 무엇을 원하는지, 자신의 삶을 어느 방향으로 전개해 나갈 것인지 알고 있어야 하고 그것이 이루어지도록 삶을 꾸려가야 한다. 그러나 이러한 것을 진행해 나가는 데 있어서 무엇보다 주변 상황과 일의 논리에 자신을 맞추어 나가야 한다. 이러한 삶을 가능하게 하는 것이 곧 마음을 비우는 것이다. 그는 그 시간에 중요한 일을 집중해서 해나가지만 그 일이 되어지기를 원하는 방향으로 해나가는 것이다.

현대에 와서 일을 하는 데 있어서 이용과 성취를 먼저 생각하는 경향이 점점 더 강해지고 있다. 이러한 상황에서 마음을 비우는 것이 순수한 창조적 행위가 가능하게 하는 유일한 자세이다. 이러한 자세에서 오직 자유롭고도 큰 일이 이루어질 수 있고 이렇게 일하는 사람이 진정한 부유함을 쌓아나갈 수 있다.

이러한 사실에서 우리는 삶의 깊은 이율배반적인 요소를 발견하게 된다. 한 개인이 자신에 대해서 적게 찾을수록 그는 그만큼 더 자기 자신이 되어가는 것이다. 나, 나에게, 나를 등이 강조되는 곳에는 오로지 자신만을, 자신의 쾌락과 의지의 성취만을 생각하게 되어 진정한 인격의 본모습은 덮여지고 만다. 성인들이란 바로 폐쇄적인 자아로부터 벗어나 자유로운 진정한 자아를 열어놓고 키워나간 사람들이다. 그들은 자신을 중요한 존재로 강조하지 않으면서도 바로 그곳에 강한 자로 놓여 있다. 그들은 더 이상 탐욕도 불안감도 없고 자신의 빛을 발하고 있다. 이들 주변에 사물들이 자신의 모습대로 질서 안에서 자신을 드러내고 있게 된다. 이들은 하느님께 열려 있어 하느님이 들어올 수 있게 한다. 이들은 하느님의 힘과 진리, 질서 그리고 평화가 세상 안에 들어올 수 있게 하는 분이다.

무엇보다도 부유한 산업사회 국가들과 가난한 후진국과의 관계에서 이익 추구만 생각하는 이기적인 목적의식이 제거되어야 한다. 그것이 가능하도록 하기 위해서는 서로를 충분히 이해하려는 노력이 선행되어야 하겠다. 서로 알지 못하는 상황에서는 문화와 언어가 다르고 피부 색깔과 모습이 다르다고 무관심하게 지나가거나 적대시할 가능성이 크지만, 서로 알게 되면 상대의 어려움과 염려, 기쁨 그리고 관심 등에 함께 동참하게 된다. 이렇게 되어 서로 더 이상 생소하지 않고 친구가 되어 사랑 안에 일치를 이루어 나가게 된다.

각 개인 모두는 하느님으로부터 고유한 가치를 부여받아 가지고 있고 서로 목적의식을 떨쳐버리고 있는 그대로 자신을 열어 순수하게 다가갈 때 각자 안에 있는 이 고유한 가치에 서로 함께 참여하게 된다. 아씨시의 성 프란치스꼬에게는 모든 존재 사물들이 형제자매였다.

5.3. 자기 수련

근세기에 들어와서 자기 수련(Askese)이라는 말에 대하여 거부감을 가지게 되는 경향이 생겨났는데, 이것은 과장된 자기학대적인 경향을 지녔던 것에 대한 반발에서 기인한 것이라고 볼 수 있겠다.

인간에게 있어서 본능은 짐승에게서와는 다른 차원의 성격을 지니고 활동하고 있다. 본능은 정신에 의해 깊고 강해지고 여러 가지 다른 가능성들을 갖게 됨과 동시에 짐승들에게 있는 구조적 질서로부터 벗어나게 되어 질서를 잃고 위험하게 된다. 이렇게 인간의 본능은 짐승의 것과는 다른 것으로서 한 개인이 자신의 삶을 단순히 자연적인 것 안에서만 찾고 유지해 나가려고 한다면 이것은 의미없는 일이다.

자기 수련이란 인간이 인간이기를 결심하는 것과 같다. 인간은 자기 질서 안에서 그대로 살아나가기만 하면 되는 짐승과는 달리 자신의 본능이 한쪽으로 치우치거나 지나치지 않도록 그것을 조절해 나가야 할 필요성을 갖고 있다. 본능 그 자체는 부정적이거나 죄스러운 것이 아니고 인간의 한 부분이어서 인간 삶의 모든 영역에 드러난다. 이것은 인간에게 있어서 삶의 에너지의 원천으로서 본능을 약화시키려는 모든 시도들은 생명을 약화시키려는 것이며 정당화될 수 없는 것이다.

윤리와 종교의 역사 안에서 본능은 단순히 육체적인 것, 쾌락을 추구하는 물질적인 악으로 여겨지고, 이에 반해 정신은 좋은 것으로 여겨진 경향이 깊이 뿌리를 내리고 있었다. 분명히 이 안에는 어떤 고귀한 뜻을 가진 동기가 있겠으나 그 자체는 인간의 영혼과 육체를 분리시키는 이원론으로서 위험한 착각을 내포하고 있다. 자기 수련은 자신의 본능을 거슬러 싸우고 경시하여 약화시키려는 것이 아니라 그것에 일정한 질서를 가하고자 하는 것이다. 자기 수련은 이웃 사람들과 자신의 직업과 일에서 오는 의무, 자신의 건강 상태 등에 따라 다양한 측면을 지니고 있다. 매일 매일 자신을 그 상황에 맞추어 나가도록 새로운 요청들이 생겨나는데 이것을 올바로 수행해 나가는 것이 곧 자기 수련이다. 자기 수련이란 삶을 올바로 이끌어 나가는 훈련을 말한다. 우리의 삶에 필요한 여러 가지 가치들 중에는 더 중요한 것과 덜 중요한 것이 구분되는 위계 질서가 있다. 그런데 우리의 삶은 시간과 공간에 제한을 받고 있으므로 모든 것을 다 가지거나 성취해 낼 수는 없는 것이므로 더 중요한 것을 택하고 덜 중요한 것은 버릴 수 있어야 한다. 이것을 할 수 있는 능력을 키우는 것이 바로 자기 수련이다. 자기 수련은 자신의 감정으로부터 해방되어 자신의 주인이 되어 자유로운 삶을 구가하는 데 필수불가결적인 중요한 요소이다.

자기 수련이란 극심한 금식이나 밤에 수면을 취하지 않는다거나 고행을 행하는 것과 관련이 있는 것이 아니라 진리 안에서 올바른 삶을 이루어 나가기 위한 훈련이다.

우리 시대에 자기 훈련이 필요하다는 사실은 교회 내의 지도자들뿐만 아니라 의사들도 많이 알고 있다. 소유보다는 존재에 더 관심을 가지게 하고 지나친 과욕과 과식 등에서 적당량의 절제를 하게 하고 물질을 적게 소모하고 정신세계를 더욱 키워 나가게 하고 외모로는 검소하게 그러나 내면은 풍부하게 하는 데 바로 훈련이 필요하다. 자기 수련을 통해서 인간은 진정으로 내면으로부터 풍부해지고 꾸며내지 않은 기쁨을 가질 수 있다.

우리 시대에 올바로 인식된 자기 수련을 통해서 삶을 자유롭고도 밝게 영위해 나갈 수 있다. 넘치게 다가오는 물질을 스스로 제어하여 검소한 내적 태도를 가짐으로써 정신의 세계를 더욱 풍부하게 키워 나갈 수 있고 삶에 대한 책임감을 성숙시켜 나갈 수 있다. 이러한 자기 수련을 통해서 하느님이 우리에게 원하시는 것, 즉 우리가 삶을 충만되게 살아가는 것을 이룩해 나갈 수 있겠다.

5.4. 정의

정의와 관계되는 것도 오로지 인간에게만 해당된다. 잘 훈련된 개나 말의 행위들이 종종 정의롭게 보일 수 있지만 그것은 그와 함께 사는 인간 정신의 또 다른 표현에 지나지 않는다. 인격체로서의 인간은 자신과 이웃을 위해 자신의 고유한 정신적 가치를 가질 수 있기를, 또한 그것을 유지할 수 있기를 바란다. 과르디니는 이것을 정의에 대한 요청으로 보고 있다. 정의란 인격적인 존재인 인간이 세계와 자신에 대해서 고유의 판단과 사고를 아무의 침해도 없이 가질 수 있는 것과, 자신이 판단의 주인이 되어 그것에 따라 행동할 수 있는 질서를 의미한다. 정의는 또한 개인이 자신의 양심의 판단에 따라 세계 안에 참여하여 함께 일해 나가는 것, 다른 사람들과 우정, 협동, 사랑 등의 관계를 가지는 것, 즉 존재의 질서를 의미한다.

이러한 존재의 질서가 정의이고 이것을 원하고 실현되도록 노력해 나가는 사람을 정의로운 사람이라고 할 수 있다. 그러나 이러한 정의가 완벽하게 역사 안에서 실현된 경우가 없었고 오로지 하느님의 정의로운 심판에 의해서만 개인과 국가, 사회 안에 일어날 수 있는 것으로 과르디니는 보고 있다.

여기서 우리는 우리의 일상생활 안에서 또한 가난한 나라에 대해서 우리가 참된 정의로부터 얼마나 멀리 떨어져 있는가를 알 수 있겠다. 완벽한 정의의 실현은 하느님에 의해서만 가능하다고 해도 우리는 정의가 이 땅 위에서 조금이라도 더 많이 실현되어 나가도록 최선을 다해야 할 것이다. 우리는 자신의 마음과 육체의 눈을 열어 자신의 좁은 세계에서 벗어나 이웃에 대하여 예민한 관심을 가져야 하겠다. 마태오 복음 25,31-46에서 예수는 "이 지극히 작은 내 형제들 가운데 하나에게 해 주었을 때마다 나에게 해 준 것이다"고 말하고 있다.

우리에게 있어서 누가 가장 지극히 작은 존재들인지는 이미 알고 있는 사실이다: 우리 주변에 또는 세계 안에서 소외된 자들, 피압박자들, 배고프고 무기력한 자들 …. 우리의 하느님에 대한 사랑은 우리의 이웃에 대한 사랑으로 측정된다.

5.5. 자비

자비란 어떠한 위기 상황도 원하지 않고 수동적으로 무엇이든 일어나도록 두는 것과 다른 강하고도 깊은 것이다. 진정한 자비는 살아 있는 사람에게 자유로운 움직임이 가능하도록 삶의 공간을 제공한다. 자비는 자신이 관용적이기 때문에 타인을 용서하고, 타인을 신뢰하기에 그를 자유롭게 하며, 삶을 항상 새롭게 시작하도록 한다.

시기심에서는 무자비한 것이 나오지만 자비는 나에게 없는 것을, 타인이 가진 것을 인정해 주고 함께 기뻐한다. 자비가 순수할수록 그만큼 더 힘이 강해지며 완벽한 자비는 다할 줄을 모른다. 진정한 자비는 상대의 고통을 이해하고 그 고통에 함께 참여하는 것에서부터 가능하다. 진정한 자비는 인내가 필요하다. 수없이 많이 존재하는 고통들에 동참하려면 강한 인내가 필요한 것이다.

과르디니는 자비의 중요한 요소 중의 하나로 유머 감각도 들고 있다. 유머 감각은 존재하는 고통을 쉽게 지고 나가게 하는 힘이 있다. 어느 한 사람이 다른 사람을 단지 심각하게만 대하고 항상 윤리적이며 교육적으로만 대한다면 그와 함께 오랫동안 지속적으로 관계를 유지해 나가는 것은 무척 힘든 일이다. 그는 삶에 있어서 예외적이며 특별한 것도 있다는 사실을 보는 눈을 가져야 한다. 모든 인간적인 것 안에는 또한 우스꽝스러운 부분도 항상 존재하는 것으로 과르디니는 보고 있다. 어느 한 사람이 자신을 특별히 뛰어난 존재, 귀중한 존재라고 주장할수록 이 부분은 더 커진다. 유머 감각은 인간을 경외심을 갖고 대하고 또한 지속적으로 그렇게 대하려고 노력하지만 인간 자체의 별난 성질을 인식하고 여기에 대하여 내면적으로만이라도 웃음으로 받아들인다. 이러한 인간 존재의 별난 성질에 대한 다정한 웃음 이것이 곧 유머이다. 유머는 자비로워지는 데 큰 도움이 된다. 웃음 다음에 진지성을 받아들이기란 그만큼 더 쉬워지는 까닭이다.

또한 자비는 조용하다. 진정한 자비는 자신을 앞세우지도 않고 많은 말을 하지도 않는다. 자비가 깊으면 깊을수록 그만큼 더 조용해진다. 자비는 바로 매일의 일상생활이 가능하게 되는 빵과 같은 것이다. 자비가 빠진 학문과 정치는 차기만 할 뿐이다.

하느님은 본질적으로 자비로운 분이다. 시편 145편에서 이스라엘의 시인은 다음과 같이 노래하고 있다:

> 야훼는 자애롭고 자비로우시며
> 화를 참으시고 사랑이 지극하시다.
> 야훼는 모든 것을 인자하게 보살피시고
> 그 부드러운 사랑은 모든 피조물에 미친다.

세상이 존재하는 것 자체가 하느님의 끝없는 자비에 기원을 두고 있다.

앞에 인용한 시편에서 우리는 하느님이 자신이 창조한 모든 존재에 대해서 어떠한 태도로 서 계시는지 알 수 있다. 또한 시편 103편에서도 같은 내용으로 노래하고 있다:

> 야훼께서는 자비하시고 은혜로우시며
> 화를 참으시고 사랑이 넘치신다.

이러한 하느님의 자비를 닮아 현 시대 안에 현실화시켜 나가는 것이 우리에게 주어진 과제이다. 과거에는 인간이 막강한 힘과 냉혹함으로 다가오는 자연에 무기력하게 넘겨져진 것으로 느꼈으나 오늘날에는 오히려 그 반대가 되어 자연이 막강한 힘을 지닌 인간에 의해 파괴되고 더럽혀져서 인간의 자비를 요청하고 있다. 세계의 존재 자체가 하느님의 자비심에 기원을 두고 있으므로 인간도 이러한 하느님의 자비를 익혀 하느님이 창조한 모든 인간과 자연 사물에 대해 자비심을 갖고 대해 나가야 하겠다.

5.6. 감사

감사하는 것은 오직 인격에 의한 나와 너의 관계에서만 가능하다. 하나의 법률이나 기관 또는 보험 등에 감사하지는 않는다. 또한 자동차나 기계 등이 정상적으로 잘 움직이고 아침에 해가 솟아오른다고 기계나 해에 감사를 드리는 것은 아니다. 감사는 오직 인격체의 자유로운 공간 안에서 가능한 것이다. 자유로운 행위가 가능하지 않는 곳에서는 감사도 가능하지 않다고 과르디니는 말하고 있다.

감사에 있어서 중요한 요소는 베풀어 주는 사람은 받는 사람의 인격에 대해서 존중해야 한다는 것이다. 그렇지 않을 경우에는 그의 명예를 다치게 할 수가 있다. 주는 사람은 자신의 물질적·정신적 권력을 행사하는 것으로 주어서는 안된다. 받는 사람이 자신보다 우위에 있는 주는 자의 권력을 느낀다면 굴욕감이 일어날 뿐 감사하는 마음은 사라지고 만다.

진정한 베풂, 진정한 받음과 감사는 아름답고 깊은 의미에서의 인간적인 일이다. 감사하는 마음이 일어나는 일에는 단순히 물질적 궁핍으로부터의 도움만이 아니고 다정한 우정이 있는 곳, 기쁨이 있는 곳, 아름다움을 창작해 나가는 곳, 삶을 활기있게 하는 곳 등과 같은 인간적인 일 곳곳에 있다.

인간을 기계적 행위나 짐승들의 본능에 따라 움직이는 것에서 벗어나 인간적 삶이 되게 하는 베풂과 감사는 일종의 신적 영역의 반영으로 과르디니는 보고 있다. 세상이 존재한다는 사실과 나의 삶이 만들어져 있고 지금도 끊임없이 뭔가를 계속 받고 있다는 사실이 하느님께 감사하게 한다. 이러한 감사 행위는 인간의 존재 양식 안에 기본적인 요소로 늘 함께하는 것이다.

감사하는 사람은 또한 겸손한 사람이다. 그는 물질적인 것이든 정신적인 것이든 그가 가진 것은 처음부터 당연한 것으로 주어져 있는 것이 아니라 하느님으로부터 자신에게 선사된 것임을 알고 있다. 우리 시대에 이러한 감사하는 마음을 갖는 것이 특히 필요하다. 예쁘게 차려진 식탁, 함께 삶을 나누는 사랑스런 사람들, 평화스러운 땅 그리고 매일매일 다가오는 새로운 나날들, 이 모든 것들이 다 감사로운 요소들이다. 감사하는 것은 또한 이 모든 것을 우리에게 주신 분, 즉 하느님을 찬미하는 것에로 이끌고 이것은 또한 찬미를 하는 우리를 기쁘게 한다.

5.7. 마음을 모음

지난 날들에 자주 언급되었으나 근래에 들어와서 그 중요성이 약화된 것이 마음을 모으는 것, 즉 정신이 통일되어 무게 중심이 자신 안에 있는 사람이다. 그러나 최근에 와서 다시 일선 교육에 종사하고 있는 사람들과 심리학자들이 이것의 중요성을 다시 강조하고 있다.

나의 삶은 나 자신의 내면과 나를 둘러싸고 있는 외부 세계와의 끊임없는 통교, 즉 들어가고 나오고 하는 작업의 반복으로 이어지고 있다. 밖의 세계는 내면에 들어와서 인식되고 판단되어져 취사 선택되고 내면의 세계는 바깥의 세계에 의해 계속 불리어진다. 이러한 두 개의 세계에 어느 한쪽으로도 지나치게 치우치지 않고 중용에 서서 잘 조화를 이루어 가는 사람이 건강한 삶을 살아간다고 할 수 있겠다.

그러나 오늘날의 일상생활 안에서는 바깥에서 불러대는 그 강도가 너무나 강하게 작용하고 있다. 각 개인은 자신 고유의 삶의 영역을 가질 공간과 시간을 갖지 못하고 지속적인 외부의 여러 가지 자극들에 노출되어 있다. 이러한 상황에서 현대인들 중에는 진정한 자아의 중심을 가진 사람이 드물게 되었다. 그는 늘 무엇인가에 쫓기면서 고요할 여가 없이 살아가고 있고 혼자 있는 것을 당혹해한다. 혼자 있으면서 자신의 참모습을 들여다보며 자신의 삶에 대해 생각하고 만남과 행위, 사고 방식, 책임감 등에 대해서 고찰해 보는 것은 그를 난처하게 만든다.

신심을 가진다는 것이 이러한 상황에서 중요한 것으로 부각되고 있다. 이것은 하느님의 면전에 다가와서 하느님과 함께 있으면서 그와 대화를 나누는 것을 의미한다. 그런데 이것은 내가 집에서 나와 더불어 있으면서 마음을 고요하게 열어두고 있을 때 가능한 것이다. 여기에서 하느님의 음성이 양심 안에 건너오게 된다. 양심은 하느님의 음성을 듣고 이해하여 결정을 하는 능력을 채비하게 된다. 하느님의 음성은 내가 처해 있는 상황에서 미래를 미리 내다보는 그의 이끄심에 따라 당신의 나라를 순간순간 구현해 나갈 것을 부르고 있다. 마음이 모아진 사람만이 이것을 알아듣고 이행해 나갈 수 있으며 하느님과 진정한 의미에서의 나와 너의 관계를 유지해 나갈 수 있다.

이러한 요소는 하느님과의 관계에서뿐만 아니라 인간과의 관계에서도 마찬가지로 적용된다. 마음이 모아지지 않은 사람은 인간과의 관계를 마치 사물과의 관계처럼 해나간다. 그러나 모아진 사람은 사람을 사람으로 대한다. 창조적인 예술 행위도 마음이 모아진 사람만이 해나갈 수 있고 본격적인 의미에서의 자연과의 만남도 그만이 할 수 있다.

　마음이 모아지지 않은 사람은 항상 다른 사람에게로 가서 뭔가를 말하고 듣고 함께하려고 한다. 그는 늘 무엇인가를 보려 하며 뭔가가 항상 그의 주변에 일어나야 한다. 이런 것을 그가 하지 않거나 할 수 없게 되면 불안정하고 불안해서 안절부절 못하게 된다. 그러나 마음이 모아져 있는 상태가 얼마나 좋은 것인지를 알게 된 사람은 이 모든 것을 극복해 나간다. 왜냐하면 항상 흐트러져 있고 지속적으로 바깥에 나와 있는 사람은 내면이 비게 되어 내적인 공허감에 시달리기 때문이다.

　하느님은 영원으로부터 늘 자신과 함께 있는 존재, 자신으로부터 존재하는 유일한 존재이다. 그는 바로 여기에 있는 존재이다. 그러나 나는 그로부터 여기에 존재하고 그의 앞에 존재한다. 그러므로 무엇보다도 먼저 하느님을 찾아 나의 존재의 기본을 현실화해 나가야겠다. 이러한 것으로 외부로부터 다가오는 모든 선전과 유행 등 나를 산만하게 하는 것에 대치해서 삶의 조화를 이루어 나가야 하겠다.

　앞에 전개한 과르디니의 길 안내들을 우리는 마음을 모으는 것과 더불어 생각해야겠다. 마음을 모으는 데는 무엇보다 침묵 가운데 고요함을 유지하는 것이 우선이다. 이러한 영육간의 침묵 없이, 자신을 일상 삶에서 조금 뒤로 물러나오는 것 없이, 또한 혼자 있는 것 없이는 마음이 모아지지 않는다. 마음이 흩어져 있으면 올바로 생각해 가면서 살아갈 수 없다. 마음이 모아진 사람은 자신의 중심에 있으면서 근본적인 것 안으로 생각해 들어갈 수 있는 것이다. 자신을 모을 수 있는 사람은 그 모음의 열매로 곧 하느님을 만날 수 있고 무한히 크시고 사랑이 가득 한 하느님과 함께하는 사람은 외적인 것을 기꺼이 쉽게 포기할 수 있다.

5.8. 자신을 있는 그대로 받아들임

자신을 있는 그대로 받아들인다는 것은 "될대로 되어라" 또는 "어떻게 되어 가든 상관없다"는 식의 부정적이고 나약한 태도가 아니라 진실을 보고 그것을 자신에게 받아들이는 것을 의미한다. 나는 일반적인 사람들 속에 묻혀 들어가서 하나의 상품에 번호가 매겨지듯이 처리되어도 좋은 그런 존재가 아닌, 특정한 성격을 가지고 이러저러한 능력과 약함을 소지한 구체적인 존재이다. 이러한 나를 나는 나의 삶의 가장 밑바탕을 이루고 있는 기초 단위로 받아들여야 한다.

인간은 동물들과는 달리 실제의 자기 자신에서 벗어나서 더 나은 존재를 생각할 능력이 있고 실제의 자신보다는 되어지기를 원하는 자신의 형태를 머리 속에 그리고 그 속에서 살아갈 수도 있는 존재이다. 그러므로 실제의 자신을 있는 그대로 받아들인다는 것이 쉬운 일이거나 지극히 당연한 것이 아니다. 자기 자신을 있는 그대로 받아들인다는 것은 자신의 능력이나 가능성, 긍정적인 면뿐만 아니라 약함, 제한성, 부정적인 면까지도 수용하는 것을 의미한다. 나 자신을 더 계발하고 키우려고 노력해 나갈 수 있지만 우선 주어진 나 자신을 있는 그대로 수용해야 진실된 바탕을 형성해 나갈 수 있는 것이다. 나의 실수와 죄스러움까지도 인정하고 받아들여야 그것을 극복해 나가는 작업을 시작할 수 있는 것이다.

또한 각자는 자신이 놓여진 주변의 환경을 개선해 나가려고 노력할 수 있고 실제로 개선해 나갈 수 있지만 먼저 선행되어야 할 것은 그 주변 환경을 있는 그대로 인정하고 받아들이는 것이다. 지나간 역사 안에서 일어났던 여러 가지 사건들이 종합되어 하나의 운명으로 다가오는 주변 환경과 자신의 처지도 또한 있는 그대로 받아들여야 한다. 현대인은 자신의 삶에 대한 안전을 보장하려고 애를 쓰는 경향을 갖고 있지만 실제의 삶은 외부의 여러 가지 위험에 노출되어 있고 절대적인 안전 보장이란 획득되어지지 않는다. 삶을 행복하게 하는 여러 요소들뿐만 아니라 위협적인 요소들도 있는 그대로 받아들여야 한다. 생의 아픔과 불행이 가져다주는 쓰라림도 과감히 받아들여야 하는 요소이다. 아픔과 불행에 대한 단순한 거부는 그것이 생애에 가지는 의미를 상실하게 한다. 아픔과 불행을 옳게 이해하고 지고 나갈 때 그것은 삶을 더욱 깊게 하고 자신을 정화시켜 나가며 그러한 모든 사건들 뒤에 계신 하느님과 일치하게 한다. 이것을 통해서 쓰라림 자체도 가벼워지고 고통 안에서 깊은 자유를 체험하게 된다.

　자신을 있는 그대로 받아들이는 것은 내가 존재하고 있다는 이 사실에 긍정적으로 동의하는 것이다. 그러나 이 모든 것들도 단순히 인간적인 이유와 논리만으로는 가능하지 않고 살아계신 하느님을 신뢰하는 것에서 진정한 받아들임이 가능한 것이다. 어떤 철학적인 가르침이나 위대한 인물의 가르침과 그의 세계에 대한 태도에 의해서가 아니라 하느님의 창조 사업에 대한 믿음과 그와의 일치에 의해서 가능한 것이다.

　여기서 우리는 자신의 피조성과 완벽하지 못한 삶, 있는 그대로의 부족한 자신, 이웃 그리고 현재의 모든 문제 등을 있는 그대로 받아들여야 한다는 것을 알게 되었다. 이러한 것을 있는 그대로 받아들인다고 해서 존재하는 복합적인 문제들 앞에 눈을 감고 포기 상태로 되어가는 대로 두고 보자는 것이 아니고 용기를 내어 우리 자신과 후손들을 위해서 개선을 위해 노력해 나가야 하는 것이다.

　그것을 어떻게 해나갈 것인지에 대하여, 이 장의 마지막 단계로, 과르디니가 제시하는 현대 세계에서 성인이 되는 길을 살펴보고자 한다.

5.9. 우리 시대에 성인이 되는 길

구약 시대의 성인이란 십계명을 잘 지키는 자를 두고 말했다. 이 십계명을 예수 그리스도가 두 계명으로 다시 압축한 것, 즉 "네 온 마음으로, 네 온 영혼으로, 네 온 정신으로 너의 하느님이신 주님을 사랑하라. 네 이웃을 네 자신처럼 사랑하라"(신명 6, 5; 마태 22,37-39)는 것을 깊이 이해하여 경건하게 받아들이고 실천에 옮기려고 애를 쓰는 은혜를 받은 자들이 성인의 대열에 들었다.

신약 시대의 성인이란 그리스도인들을 두고 한 말이다. 당시의 상황에서 그리스도인으로 사는 것 자체가 하나의 특별한 일로서 자신의 주변 사람들과 다른 생각과 문화를 받아들임으로써 그들과 멀어지고 경우에 따라서는 가족과의 이별도 감당해야 하는 어려움을 각오해야 하는 것이 곧 그리스도인이 되겠다고 결심하는 것이었다. 그러나 콘스탄티누스 황제에 의한 그리스도교의 자유가 선포된 이후부터는 그리스도인 숫자가 불어나면서 당시 사회 내에서 건강한 시민으로 살아가는 데 적어도 외적으로나마 그리스도인 명칭을 가지는 것이 거의 필수 조건이 되었다. 이렇게 되면서부터는 그리스도인을 쉽게 성인이라고 더 이상 하기가 어려워졌다.

이러한 상황에서 성인이 되려는 자나 성인으로 선포된 자는 일반 사람들이 쉽게 행할 수 없는 특별한 일을 해내야만 했다. 그 중에 제일 먼저 들어가는 이가 곧 순교자였다. 사막에서 고요와 고독 속에서 자기 정화를 위해서 애를 쓴 수도자들도 여기에 들어간다. 또한 아씨시의 프란치스꼬와 글라라처럼 가진 것을 다 나누어 주고 청빈 속에서 주님과 모든 존재 사물과 사람들과의 일치 속에서 사랑의 공동체의 삶을 살아간 사람들도 여기에 속한다. 또한 튀링겐의 엘리사벳이나 빈센트 아 바울로처럼 가난한 이웃의 아픔과 궁핍을 도와 주려고 애를 쓴 이들도 여기에 속했다. 또한 켄터베리의 안셀모나 토마스 아퀴나스와 같이 구원의 진리를 밝히려고 정열적으로 전 생애를 투자한 이들도 여기에 속한다. 또한 아일랜드에서의 패트릭이나 독일에서의 보니파시오나 인도에서의 프란치스꼬 사베리오처럼 복음 전파에 열중한 이들도 여기에 속한다. 이 모든 것이 다함이 없는 다양한 성소와 은총에 기원을 두고 이루어져 왔다.

이들의 삶이 다양한 내용을 안고 있지만 공통적인 것은 바로 일상적인 것을 뛰어넘어 어떤 특별한 것을 이룩하였다는 것이다. 이들은 사회 각층, 귀족, 기사, 농부, 숙련공, 남자, 여자, 젊은 사람, 어린이 등 다양한 층에 기원을 두고 있지만 한결같이 모두 하느님의 사랑에 사로잡혀 일상적인 것을 벗어나서 특별한 업적을 이룩하였다. 이것을 통해서 그들은 예수 그리스도에 의해서 이루어진 영원한 구원 사업의 증거자가 되었고 그 이후 수백년 동안 이들의 업적은 계속해서 세상 안에서 빛과 모범으로 영향을 주고 있다. 이것이 금세기까지 그리스도인들이 성인들에 대해 가졌던 생각들이다. 성인들에 대한 이러한 생각은 앞으로도 옳은 것으로 남을 것이다. 왜냐하면 그것은 진실이고 또한 우리의 일상 삶이 이러한 하느님의 은총과 작용을 그 안에서 읽어볼 수 있는 큰 모범적 위인들을 필요로 하기 때문이다.

그러나 반면에 현대인에게는 모든 종류의 특별한 일을 찾아나가는 경향과 늘 새롭고 경이로운 것들과 흥분할 만한 일들을 즐겨 찾는 경향에도 불구하고 특별히 뛰어난 것에 대한 불신이 마음 속에 자리잡고 있다. 왜냐하면 진실하고 진지한 사람들은 이러한 것들 안에 존재하는 어리석음을 깊이 읽어내고 있기 때문이다. 우리가 이미 앞에서 몇 번에 걸쳐 언급해 온 대로 얼마 전부터는 학문과 기술 그리고 사회 구조 등의 발전이 엄청나게 커지고 양이 불어나서 어느 한 개인이 그 모든 것을 다 알아 파악하고 수행해 나간다는 것은 불가능해졌다. 그래서 어느 특정한 뛰어난 인물들이 차지했던 자리에 함께 일하는 그룹, 즉 팀이 등장하게 되었다. 여기서는 어느 누구도 자신을 특별나게 드러내지는 않지만 개개인 모두가 중요한 위치에 놓여 있다. 각자는 자신의 위치에서 일하고 있지만 동시에 전체를 책임지고 있다. 이러한 현상이 우리 시대의 성격을 말해주고 있는 것이다. 특별난 것은 물러나고 개인은 드러나지 않지만, 그러나 각자 안에 전체에 대한 책임의식이 깨어나고 자신의 새로운 의미를 획득하게 되는 것이다.

과르디니는 18세기에 처음에는 수도자들에게 그러나 나중에는 일반인을 대상으로도 저술한 이 (Jean de Caussade)의 책 〈하느님의 예시에 봉헌〉(Hingabe an Gottes Vorsehung)의 내용을 우리 시대의 성인의 예로 소개하고 있다. 이 책에 의하면 성인이 되기를 원하는 사람은 어떤 특별히 뛰어난 일을 행할 필요가 있는 것이 아니라 그가 처해 있는 상황에서 매 시간시간마다 행해지기를 요구해 오는 일상적인 것을 해나가면 된다는 것이다. 미래를 내다보는 하느님 스스로 모든 것을 계획하여서 이끌어 가므로 그 상황이 요구하는 것을 더하지도 적게 하지도 말고 그대로 이끌어 가면 된다는 것이다. 어떤 개인적인 기호나 안위, 이익이나 즐거움을 위해서가 아니라 상황이 요구하는 대로 해나가면 된다는 것이다. 하느님을 사랑하는 것도 바로 지금 이 순간 이 상황에서 내가 해야 할 일을 행함으로써 그분의 뜻이 이루어지도록 하는 것이다. 그것을 순수하고도 기꺼이 해나가야 한다. 여기서 성인에 대한 생각은 과거의 것과는 매우 다르다. 특별한 일을 행해야 된다는 것은 언급도 없고 자신이 처한 상황에서 자신의 일을 올바로 성실하게 해나가는 것이 그가 할 일이다. 그는 자신의 이해력을 동원해서 외부 사물의 논리를 파악하고 그것이 이루어져야 하는 대로 일해 나간다. 그러면서 그의 양심은 지속적인 하느님과의 통교로 깊어져 있는 것이다. 그의 일은 세상 안에서 이루어지고 있지만 바로 이 세상을 만들고 세상 위에 있는 하느님의 뜻이 이루어져야 한다는 것을 그는 알고 있다. 이러한 것이 이루어져 나가도록 하는 것이 곧 사랑이다. 이러한 사랑 안에 더욱더 깊은 진리와 순수한 준비 자세, 기꺼이 일하는 태도 등을 향한 끝이 없는 길이 놓여 있다. 이 안에 주님이 요구하는 "네 온 마음으로, 네 온 영혼으로, 네 온 정신으로"라는 것이 놓여 있고 성스러운 것이 시작된다.

이러한 것이 이루어지고 있는 동안에 그는 점점 더 드러나지 않게 된다. 그가 하는 일이 별로 중요하지 않게 보이기도 하지만 그러나 실제로는 중요하다. 모든 것은 세상을 만드신 하느님과 그것을 보호하고 가꾸도록 위임받은 인간과의 일치 가운데 이루어진다. 여기에 조용한 내적인 자유가 존재하고 여러 가지 걱정과 고뇌중에도 안정과 기쁨을 가지게 된다.

이러한 길을 통해서 오늘날의 문제를 극복해 나가는 데 있어서 각자가 이행할 수 있고 또한 해나가야 할 일이 무엇인지 분명해지고 있다. 그것은 바로 우리가 처한 상황에서 그 상황이 요구하는 것을 각자가 할 수 있는 만큼 이행해 나가는 것이다. 각자가 행할 수 있는 것이 지극히 작은 영역 안에 제한되어 있다 해도 모두 다함께 행해 나가면 존재하는 복합적인 문제들을 극복해 나갈 것을 희망할 수 있다.

현재 상황에 대한 분석과 이해는 우리를 부정적인 생각으로 나아가게 하고 있지만 우리의 생애에 대한 애착과 경외심의 강도는 우리를 결국 긍정적이고도 희망적인 생각과 방향으로 나아가도록 한다. 우리는 우리의 삶에 대한 의지가 현재 존재하는 모든 종류의 문제들과 부정적인 현상들보다 더 강하다는 것을 알고 있다. 만약 우리가 우리에게 삶을 주시고 또한 충만된 삶을 살아가기를 원하시는 하느님의 자비에 대한 믿음이 있다면 우리는 하느님의 도우심과 함께 존재하는 위협적인 문제들을 극복해 나갈 수 있다. 이러한 그리스도교적 희망과 더불어 우리는 환상적이고 극단적인 낙관주의와 우리를 약하게 하고 삶을 파괴하는 부정적 염세주의와 허무주의를 극복해 나갈 수 있는 것이다.

결 론

 본 논문에서 인간 심리의 연구와 사회 구조의 개선과 기술의 발전 등으로 인간을 진정한 삶과 행복에로 인도할 수 있다고 여겼던 현대인의 사고에 문제가 있음을 드러내고자 시도했다. 현실은 우리에게 인간의 편리만 생각하고 마구 시행해 온 자연의 개발과 이용 그리고 옳지 않은 전제하에 계속 발전시켜 온 기술 문명에 의해 인간이 살아갈 수 있는 유일한 장소인 지구 환경을 심하게 오염시키고 파괴시켜 인간의 생존 자체가 위기 상황에 몰려 있음을 보여주고 있다.

 제1부에서 우리는 문명사회를 이룩한 서구 내에서 이미 많은 학자들이 이 문제에 대해서 고심하면서 지구 위의 인간과 모든 생명체의 미래를 염려하고 있음을 살펴보았다. 그러나 이러한 현대 문제에 대한 책임은 각자가 자신이 사는 곳에서 그리고 상업, 공업, 교통, 농업, 통신 등 자신의 일터에서 지고 나가야 한다. 치유는 아래에서부터, 즉 일반 시민들 모두로부터 와야 한다. 최근에 우리는 동유럽에서 일어난 사건, 즉 일반 시민 모두가 진실된 삶을 향한 자신들의 의지를 힘을 합쳐 표명해 나가면 그것이 이루어진다는 것을 체험했다.

 Green Peace와 같은 단체들이 이미 조직되어 자연 환경과 생명의 파괴에 반대하여 그것을 지켜 나가려고 노력해 왔고 그 노력들이 허사로 끝나지만은 않고 있다. 그러나 아직도 이러한 단체의 수효는 매우 적고 전체 사회 안에 깊이 뿌리를 내리지 못하고 있다.

미래에 대한 염려와 책임감은 진실되고 진지한 정보에 의해서 일깨워져 나가야 한다. 이것을 위해서 정치나 경제로부터 독립된 그러나 많은 사람들이 귀를 기울이는, 인간의 정신이 깨어 있도록 지속적으로 고무시키고 교육시키는 기관이 필요하다. 이러한 기관으로서 학교 이외에는 교회가 중요한 역할을 맡을 수 있음에 대해서는 의심의 여지가 없겠다. 하느님이 이 세상을 만드셨다고 믿는 교회의 일원들은 지구의 환경과 그 안에 사는 생명의 보호를 위해서 염려하고 책임감을 가져야 함을 누구보다도 잘 알고 있다. 전세계의 모든 대륙과 나라에 걸쳐 존재하는 교회는 10여 억이 넘는 자신의 구성원들에 의해 지구 환경과 생명의 보호를 위해 많은 긍정적인 일들을 수행해 나갈 수 있다. 교회는 무엇보다도 특히 젊은이들을 위한 세미나와 강연회 등 교육 프로그램을 많이 만들어야 하겠다. 젊은이들은 미래 세계 안에서 자신들의 삶을 전개해 나갈 것이므로 누구보다 먼저 이러한 문제에 대해서 관심을 가지고 문제의 극복을 위해서 함께 노력해 나가야겠다.

제2부에서 언급한 로마노 과르디니는 인간이 자연 진화의 우연한 산물이 아님과 그가 단순히 물질적인 충족만으로는 지속적으로 만족하고 행복하게 살아갈 수 있는 존재가 아니고 하느님의 모습을 닮은 존재로 하느님에 의해서 만들어진 은혜로운 그러나 또한 동시에 위험한 자유를 소지한 인격임을 분명하게 밝혀주고 있다.

과르디니가 개인적으로 다른 대륙의 종교와 철학에 관심을 가지고 연구해 들어간 적도 간혹 있었지만 그의 삶의 장은 유럽이었다. 그래서 그의 사고 구조와 그의 생각을 전개해 나가는 방법도 유럽식인 것은 부인할 수 없는 명백한 사실이다. 그러나 그의 사고의 중요한 핵심은 바로 그리스도교의 계시이고 이 계시는 장소와 시간을 초월하여 모두에게 진실된 것이다.

과르디니는 그의 생각을 불교나 유교 또는 자연과학처럼 귀납적으로가 아니라 계시의 진리로부터 출발하는 연역적인 방법으로 전개해 나간다. 그러므로 과르디니의 생각과 영성은 넓고 깊고도 분명하여 우리들 동양인에게도 이해될 수 있는 것이다. 이 논문에서 언급한 부분은 그의 수많은 작업들 중 일부에 지나지 않는다. 중요한 과제로 우리에게 와닿는 것은 그의 이러한 현대 문명 문제의 극복에 대한 생각을 현실화시켜 나가는 것이다. 진실된 삶을 영위해 나가기 위해 어떠한 길을 가야 하는지에 대해서 아는 것 자체가 이미 좋은 일이지만 그것만 가지고는 부족함은 이미 부언할 필요가 없는 주지의 사실이다.

오직 하느님의 뜻과 일치를 이룰 때 우리는 진실되고도 행복한 삶을 꾸려나갈 수 있다. 과르디니를 비롯한 여러 큰 학자들이 점점 심각해져가고 있는 현대 문제를 극복하기 위해 제시하는 방법들이 약한 우리의 힘에 비해 실현시켜 나가기가 어려운 것으로 와닿지만 우리는 "될대로 되어라, 어떻게 되어 나가겠지" 하면서 절망과 포기 상태로 머물러 있어서는 안되겠다. 우리의 힘이 닿는 데까지는 현대 문명이 걸어온 부정적인 면으로부터 현대인을 돌이키도록 최선을 다해 나가 매일매일 새롭게 시작해야 하겠다. 이것을 위해 하느님은 우리에게 회개와 고해, 용서 그리고 새로운 시작의 가능성을 주셨다. 우리가 희망을 버리지 않는 한 그리고 포기하지 않는 한 새롭게 시작할 수 있는 기회는 항상 있다. 왜냐하면 우리를 원하셔서 만드신 하느님은 사랑이시고 우리의 건강한 삶과 구원을 원하시기 때문이다. 진실된 교육과 자아 교육을 통해서 우리는 자연과 인간의 복합적인 관계를 더 잘 이해하고 파악할 수 있으며 자기 훈련(Askese)이 우리에게 가능하게 하는 올바른 판단력으로 진정으로 은혜로운 자유에 도달할 수 있다. 이러한 의식이 우리 안에 늘 있어야 하겠다.

오늘날 적지 않은 수의 학자들과 정치가, 교회 지도자들과 그 밖의 의식있는 사람들이 점점 더 이러한 일들에 관심을 쏟고 있고 이들이 자신들의 지식과 활동을 통해 다른 사람들의 의식도 일깨워 나가고 있는 것은 하나의 매우 긍정적이고 고무적인 표본이라고 볼 수 있다. 현대 문명이 가져다준 여러 가지 문제들에 대해 의식이 전혀 없을 수 있는 이들은 참으로 영육간의 봉사 이외에는 가능하지가 않다 해도 과언이 아니겠다.

그리고 우리는 고통과 문제가 없는 완벽한 삶이 이 세상 위에서는 주어져 있지도 않고 가능하지도 않다는 사실도 또한 인정해야 하겠다. 이러한 삶은 우리가 이 세상에서의 삶의 경계선을 넘어 영원에로 나아갈 때 우리에게 주어질 것이다. 이것을 향해 우리는 깨어 있는 정신과 굳건한 믿음으로 나아가야겠다.

만약 우리가 매일 좀더 나은 이해를 위해 노력해 나간다면, 만약 우리가 하느님의 뜻과의 일치 안에서 살고 행하려는 것을 우리의 목표로 삼는다면, 만약 우리가 매일 살아계신 하느님을 향해 회개의 삶을 살아간다면 우리는 자연 환경과 이웃 그리고 존재하는 모든 사물과 생명체들을 사랑하고 보호할 능력을 갖게 될 것이다. 그리하여 우리는 이 세상 모든 것을 만드신, 그것도 매우 아름답게 만드신 그분의 뜻을 채워 나갈 수 있을 것이다.

과르디니의 저서 약어표

Berichte: *Berichte über mein Leben. Autobiographische Aufzeichungen* [aus dem Nachlaß hrsg. v. F. Henrich] Düsseldorf 1984.

Existenz: *Die Existenz des Christen* [aus dem Nachlaß] München – Paderborn – Wien 1977.

Gegensatz: *Der Gegensatz. Versuche zu einer Philosophie des Lebendig – Konkreten,* Mainz 1985.

WUP: *Welt und Person. Versuche zur christlichen Lehre vom Menschen,* Mainz 1988.

FGS: *Freiheit, Gnade, Schicksal. Drei Kapitel zur Deutung des Daseins,* München 1979.

TBF: *Theologische Briefe an einen Freund. Einsichten an der Grenze des Lebens* [herausgegeben aus dem Nachlaß] München – Paderborn – Wien 1979.

Herr: *Der Herr. über Leben und Person Jesu Christi,* Freiburg – Basel – Wien 1987.

Offenbarung: *Die Offenbarung. Ihr Wesen und Ihre Formen,* Würzburg 1940.

VLG: *Vom lebendigen Gott,* Mainz 1981.

VSS: *Vom Sinn der Schwermut,* Mainz 1987.

Unterscheidung: *Unterscheidung des Christlichen. Gesammelte Studien,* Mainz 1963.

Sorge I: *Sorge um den Menschen.* Band 1, Mainz 1988.

Sorge II: *Sorge um den Menschen.* Band 2, Mainz 1989.

TM: *Die Technik und der Mensch. Briefe vom Comer See,* Mainz 1981.

ENM: *Das Ende der Neuzeit und die Macht. Ein Versuch zur Orientierung und Versuch einer Wegweisung,* Mainz 1986.

참고 서적

원 전

R. GUARDINI, *Die Offenbarung. Ihr Wesen und ihre Formen*, Würzburg 1940.

_, *Über das Wessen des Kunstwerks*, Stuttgart – Tübingen 1950.

_, *Liturgie und liturgische Bildung*, Würzburg 1966.

_, *Theologische Briefe an einen Freund. Einsichten an der Grenze des Lebens*, München – Paderborn – Wien 1977.

_, *Freiheit, Gnade, Schicksal. Drei Kapitel zur Deutung des Daseins*, München 1979.

_, *Der Heilbringer in Mythos, Offenbarung und Politik. Eine theologisch-politische Besinnung*, Mainz 1979.

_, *Vom lebendigen Gott*, Mainz 1981.

_, *Die Technik und der Mensch. Briefe vom Comer See*, Mainz 1981.

_, *Briefe über Selbstbildung*, Mainz 1985.

_, *Der Gegensatz. Versuche zu einer Philosophie des Lebendig - Konkreten*, Mainz 1985.

_, *Das Ende der Neuzeit und die Macht. Ein Versuch zur Orientierung und Wegweisung*, Mainz 1986.

_, *Vom Sinn der Schwermut*, Mainz 1987.

_, *Der Herr. Über Leben und Person Jesu Christi*, Freiburg – Basel – Wien 1987.

_, *Der Anfang aller Dinge und die Weisheit der Psalmen. Meditationen über Genesis Kapitel 1-3 und Paslmen*, Mainz 1987.

_, *Tugenden. Meditation über Gestalten sittlichen Lebens*, Mainz 1987.

_, *Sorge um den Menschen.* Band 1, Mainz 1988.

_, *Welt und Person. Versuche zur christlichen Lehre vom Menschen,* Mainz 1988.

_, *Sorge um den Menschen.* Band 2, Mainz 1989.

유작 간행서

R. Guardini, *Unterscheidung des Christlichen. Gesammelte Studien 1923~1963* [hg. Hans Waltmann] Mainz 1963.

_, *Die Existenz des Christen* [hg. J. Spörl] München 1977.

_, *Wahrheit des Denkens und Wahrheit des Tuns. Notizen und Texte 1942~1964* [hg. Felix Messerschmid] Paderborn 1980.

_, *Berichte über mein Leben* [hg. Franz Henrich] Düsseldorf 1985.

본문 수집서

W. DIRKS (Hg.), *Romano Guardini. Der Blick auf das Ganze,* München 1985.

J. Klimmer, *Angefochtene Zuversicht. Romano Guardini. Lesebuch,* Mainz 1985.

과르디니에 관한 참고서

H. U. v. BALTHASAR, *Romano Guardini. Reform aus dem Ursprung,* München 1970.

E. BISER, *Interpretation und Veränderung. Werk und Wirkung Romano Guardinis.* Paderborn – München – Wien – Zürich 1979.

L. BÖRSIG – HOVER, *Das personale Antlitz des Menschen. Eine Untersuchung zum Personbegriff bei Romano Guardini,* Mainz 1987.

H.-B. GERL, *Romano Guardini 1885~1968. Leben und Werk,* Mainz 1985.

W. HEIST (Hg.), *Romano Guardini. Der Mensch. Die Wirkung und Begegnung*, Mainz 1979.

H. KLEIBER, *Glaube und religiöse Erfahrung bei Romano Guardini*, Freiburg – Basel – Wien 1985.

J. F. S. v. KOCH, *Autonomie und Transzendenz. Untersuchungen zur Religionsphilosophie Romano Guardinis*, Mainz 1985.

M. MARSCHALL, *In Wahrheit beten. Romano Guardini – Denker liturgischer Erneuerung*, St. Ottilien 1986.

J. RATZINGER (Hg.), *Wege zur Wahrheit. Die bleibende Bedeutung von Romano Guardini*, Düsseldorf 1985.

A. SCHILSON, *Perspektiven theologischer Erneuerung. Studien zum Werk Romano Guardinis*, Düsseldorf 1986.

W. SEIDEL (Hg.), *Christliche Weltanschauung. Wiederbegegnung mit Romano Guardini*, Würzburg 1985.

제1부 참고서

A. AUER, *Umwelt Ethik. Ein theologischer Beitrag zur ökologischen Diskussion*, Düsseldorf 1984.

K. BARNER – G. LIEDKE (Hg.), *Schöpfungsverantwortung konkret. Aus der Arbeit der kirchlichen Umweltbeauftragten* [mit Beiträgen von K. Oeser, G. Altner u.a] Neukirchen – Vluyn 1986.

D. M. BAUER – G. VIRT, *Für ein Lebensrecht der Schöpfung. Analysen, Visionen und Strategien zur Bewältigung der Umweltkrise* [im Auftrag der Kommission Justitia et Pax] Salzburg 1987.

M. BEAZLEY, *Welt. Der große Atlas des Weltalls* [deutsche Übersetzung W. Krrueger] Augsburg 1988.

K. BECSI, Aufmarsch zur Apokalypse. Wien, Hamburg 1971.

P. T. de CHARDIN, "Das Tor in die Zukunft": *Ausgewählte Texte zu Fragen der Zeit*, München 1984.

_, *Die Zukunft des Menschen*, Olten 1963.

Chronik der Menschheit. Idee, Konzeption und verantwortlich für die Redaktion [B. Harenberg] Dortmund 1984.

Chronik des 20. Jahrhunderts, Dortmund 1988.

W. DIRKS, "Romano Guardini": H. J. Schultz (Hg.), *Tendenzen der Theologie des zwanzigsten Jahrhunderts. Eine Geschichte in Portraits*, Stuttgart 1966.

H. DOLCH, *Grenzgänge zwischen Naturwissenschaft und Theologie. Gesammelte Aufsätze.* Paderborn – München – Wien, Zürich 1986.

H. FRANZ – G. FRITSCH – R. F. KNEUCKER (Hg.), *Lebenskunde für die Zukunft. Neue Strategien für eine lebenswerte Welt*, Wien 1985.

H. A. GORNIK (Hg.), *Damit die Erde wieder Gott gehört. Plädoyer für einen neuen Umgang mit Mensch und Natur*, Freiburg im Breisgau – Offenbach 1986.

R. GUARDINI, *Stationen und Rückblicke*, Würzburg 1965.

_, *Liturgie und liturgische Bildung*, Würzburg 1966.

_, *Das Ende der Neuzeit und die Macht. Ein Versuch zur Orientierung und einer Wegweisung*, Mainz 1986.

W. HÄRLE, *Ausstieg aus der Kernenerge? Einstieg in die Verantwortung!* Neukirchen – Vluyn 1986.

J. HERRMANN, *Astronomie, die uns angeht*, Gütersloh Buch-Nr. 6124'1500.

Hirtenworte zu Krieg und Frieden. Die Texte der katholischen Bischöfe der Bundesrepublik Deutschland, der Deutschen Demokratischen Republik, der Niederlande, Österreichs, der Schweiz, Ungarns und der Vereinigten Staaten von Amerika, Köln 1983.

G. W. HUNOLD – W. KORFF (Hg.), *Die Welt für morgen. Ethische Herausforderungen im Anspruch der Zukunft*, München 1986.

O. Jensen, *Unter dem Zwang des Wachstums. Ökologie und Religion*, München 1977.

H. JONAS – D. MIETH, *Was für morgen lebenswichtig ist. Unentdeckte Zukunftswerte*, Freiburg – Basel – Wien 1987.

E. JÜNGER, *Der Arbeiter*. Hamburg 1932.

W. KATZMANN – H. SCHROM (Hg.), *Umweltreport Österreich*, Wien 1986.

H. KIRCHHOFF, *Sympathie für die Kreatur. Mensch und Tier in biblischer Sicht*, München – Kösel 1987.

Kulturspiegel des 20. Jahrhunderts – 1900 bis heute [E. Böhm u. a.] Stuttgart 1987.

N. LOHFINK, *Unsere großen Wörter. Das Alte Testament zu Themen dieser Jahre*, Freiburg – Basel – Wien 1977.

A. M. K. MÜLLER – P. PASOLINI – D. BRAUN, *Schöpfungsglaube heute*, Neukirchen – Vluyn 1985.

Person und Bildung. Gibt es ein Erbe Romano Guardinis? [Rothenfelser Schrift 4] Rothenfels 1978.

A. v. RAAB – STRAUBE, *Erleben wir das Jahr 2000? Apokalyptik als Chance*, Olten 1986.

K. RAHNER – H. VORGRIMLER, *Kleines Konzilskompendium. Sämtliche Texte des Zweiten Vatikanums mit Einführungen und ausführlichem Sachregister*, Freiburg – Basel – Wien 1966.

G. RAUCHWETTER, *Fortschritt nach innen. Von der Konsum- zur Kulturgesellschaft*, Olten 1986.

G. D. ROTH, *Himmelsführer. Sterne und Planeten. Sterne erkennen Sterne beobachten*, München 1978.

M. SALOMON (Hg.), *Die Zukunft des Lebens. Die Antwort der Wissenschaftler* [Zwanzig führende Wissenschaftler aus aller Welt – darunter 7 Nobelpreisträger – geben Antwort auf brisante Fragen und zeichnen ein Bild der Welt von Morgen] Wien – Hamburg 1981.

P. SCHÄFER, *Herausforderung zur Umkehr. Katholische Dokumente, theologische Argumente, physikalische Begriffe und didaktische Strukturen zum Thema Umwelt*, Hildesheim 1984.

W. H. SCHMIDT, *Die Schöpfungsgeschichte der Priesterschrift. Zur Überlieferungsgeschichte von Genesis 1, 1-2. 4a*, Neukirchen 1964.

A. SCHWEITZER, *Kultur und Ethik* [Sonderausgabe mit Einschluß von Verfall und Wiederaufbau der Kultur] München 1981.

_, *Friede oder Atomkrieg*, München 1981.

_, *Ehrfurcht vor dem Leben*, Bern – Stuttgart 1986.

_, *Was sollen wir tun? 12 Predigten über ethische Probleme.* Heidelberg 1986.

S. E. SZYDZIK, "Romano Guardini(1885~1968)": W. Knauft (Hg.), *Miterbauer des Bistums Berlin: 50 Jahre Geschichte in Charakterbildern*, Berlin 1979.

M. THÜRKAUF, *Wissenschaft Schützt vor Torheit nicht*, Zürich 1984.

_, *Christuswärts. Glaubenshilfe gegen den naturwissenschaftlichen Atheismus*, Stein am Rhein 1987.

_, *Franziskus im Atomzeitalter. Die alte Liebe rettet die neue Welt*, Stein am Rhein 1985.

A. TOYNBEE, *Menschheit und Mutter Erde. Die Geschichte der großen Zivilisationen* [übersetzt v. K. Berisch] Düsseldorf 1988.

Verantwortung wahrnehmen für die Schöpfung. Gemeinsame Erklärung des Rates der Evangelischen Kirche in Deutschland und der Deutschen Bischofskonferenz [herausgegeben vom Kirchenamt der Evangelischen Kirche in Deutschland und dem Sekretariat der Deutschen Bischofskonferenz] Köln 1985.

G. v. WAHLERT, *Verantwortung für die Schöpfung. Berichte aus der Umwelt- und Entwicklungsarbeit*, Stuttgart 1987.

J. WEINER, *Planet Erde. Schicksal und Zukunft der Erde*, München 1987.

C. WESTERMANN, *Schöpfung* [Themen der Theologie Bd. 12] Stuttgart 1971.

_, *Genesis* [Biblischer Kommentar I] Neukirchen 1966f.

C. YOUNG, "Wahrheit und Falschheit in der Technik": *Katholische Kirchenzeitung in Korea 1989*.

E. ZINNER, *Die Sterne und der Mensch*, Freiburg – München 1959.